玉光神社 教祖自叙傳

昭和34年　小豆島御本宮にて

教へにも
我なきわれに
かへりなば
玉の光の
身にぞかがやく

玉光神社御本宮（香川県小豆島北山）

昭和 35 年　御本宮御神橋前にて　左からお代様，宮司様，清光先生

明治神宮裏参道の玉光教会設立記念写真（昭和十二年）

同上，左よりお代様，清光先生

玉光神社（東京都三鷹市井の頭）

昭和三十一年　小豆島巡拝御出発記念
前列左より宮司様、お代様、その後ろ清光先生

序

母（玉光神社教祖）が自分の生い立ち、幼少時の霊的体験、玉光大神様に御降臨を頂いて修行に励んでいた頃の数々の奇蹟、神様の御慈悲、御神示、悟りの境地の進化、太平洋戦争中のお祈り、世界平和のお祈り、七星会（精神統一の会）の土用の行、寒行での神秘的体験等について自ら書かれたのが本書であります。

優れた宗教者の魂の進化発展、悟りの階梯を知る上に貴重な記録であり、神の御経綸、この世と魂の世界の関係、人間や草木に至る迄の生命と心のしくみ、カルマ（因縁と業）の本質等を体験を通じてたくまずして教えてくれる稀な本であります。

宗教的修行に励んでいる人にとっては行の体験の記録を通じて今自分がどこにいるか、どちらの方向に進んでいるかが解るでしょう。人生の困難や病気に悩める人には温かく大きな優しい力と励ましが与えられるでしょう。人生如何に生くべきかに悩む若い人達には、人間の本性、人間の歩むべき道を教えてくれるでしょう。幸福

な人には真の幸福の意味を教えてくれるでしょう。
ともかく万人必読の書であると思われますので、心からおすすめします。

国際宗教・超心理学会会長
文学博士　本山　博

目次

第一章　自叙伝

第二章　神のお導きとお諭し

第三章　行体験の記録

第一章　自叙伝

一、神　助

私の生い立ち及び昭和七年二月六日（旧十二月二十三日）、玉光大神様のお救いを頂きましてからの事柄をここに記します。

投身と大神様の御降臨

明治四十二年三月十三日、山口県大津郡三隅村字市、父本山与吉、母ひさの四女として生まれ、十三歳の時、小作農の事とて家が貧しく親のために姫路に子守奉公に出ましたが、半年ほどの内に病気になり、国元にかえされました。それからまた山口県湯田にゆき、萩の姉の家に戻り、岡山へと移り住み、二十三歳のとき讃岐小豆島へ渡り、ようやく独立でき、安定した生活ができるようになりましたので、国元から貧しい中で大勢の子供を育て、酒乱の父に仕え、また酒に目のない兄の為に苦労の限りをつくしていられる気の毒な母を引き取り、孝養をつくしておりますところへまた病気にかかり、何事も思うようにならず、世をはかなみ、母のすきを見て双子の浦から投身自殺を計りました。この時不思議に頭上から神様のお声が聞こえお姿が見えてまいりました。この時、何事にも動じない強い強い力が体中にみなぎってまいりました。（それからいつとはなしに病気も癒え、永い年月苦労にひしがれた心も明るく希望に満ちてまいりました。）神様のお声があって、

『吾は天津神玉光大神なり。今から五年の後には天がさかしまになるような戦争がおこる。それを救わんが為に下りたるものぞよ。母親の日常の信仰と汝の孝養にめでて命をたすけ、吾の代人《だい》として仕えさす。再びこのような事をしてはならぬ。心をしっかりもってますます親に孝養をつくせ。決してこまらせはせぬ。』

とのお言葉が聞こえてまいりました。

私が急にいなくなったので心配して心あたりを尋ねあるいていた母が、もしやと思い付き双子の浦に尋ねてまいりましたとき、母の目に映りました私は、すでに大地をけって海に身を投げているところでした。

母が驚いて、地にぬかずいて日頃信仰していられる金光教の天地金の神を祈りましたところ（母は金光教の深い信者でした）、不思議に私の身体が宙に浮き、元のところにつきかえされました。喜んだ母は、放心している私を介抱し、さとしていると、再び神様がお降りになって、

『心配はいらぬ。この後は娘は吾の代人として世の為人の為に立ててとらすぞ。安心して吾にまかせよ。これからは吾を玉光大神と呼べ。玉は慈悲心を表わし、光は智恵を表わしてある。人を救い導くには、智恵と慈悲心がなくては人を救うてはゆけぬ。吾のこの名は、一つには汝にあたえた名であるぞよ。玉みがかざれば光なしとの諺の如く、いかに名玉でもみがかなければ光を放つものではない。よくよく努力精進せよ。』

とのお言葉が御座いました。母も初めて安心し、神様に御礼を申し上げ、お誓い申し上げて山を下ってまいりました。私もこの出来事を不思議に思いながらも、御神言や御示しに従うようにお誓いしてかえりました。

奇蹟の数々

それからと申しますものは、私の家にみえられる人には大神様がお降りになり、お前は身体のどこが悪い、また昨夜人をだました、今にむくいを受けるぞ、またみえられた人に、

『お前が今会ってきた僧は身持ちが悪いので、あの寺に入れると後に大変な迷惑をこうむるぞ。』

と御注意をお与えになりました。また、次の日みえた平木の人に、

『お前は親不幸者だ。そのようにびっこを引いてあるくのは、親の年忌もとわず何の供養もせぬ罰だ。』

とお叱りになった上、こんこんと人の道をおときになりました。その人も驚き、且つ後悔いたされて早速お墓参りをし、翌日十三回忌をなさいましたところ、その日の内にちんばがなおり、ためしに田んぼへこやしをかついで行かれました。その足で私の方へお礼やらためそうとしたお詫びにみえられました。それからは誰が言うことなく、人が聞きにみえるようになりました。その内、加島の人で七歳になられる男のお子さんが、急に両目がいたみだし、医者に行ってもいたみの為に目を開くことができず、一週間もたち、失明して悲しんでいられるところへ、私のことを人伝えに聞き連れてみえました。すると玉光大神様がお降りになり、九字をおきりになりました。すると、そのお子さんが目をぱっちり開けましたところ、血うみが目からたらたらと流れ出ました。右の片目はすでに白くなっていましたが、そのとき玉光大神様が、

『早く医者に行き治療をするように。』

と仰せになり、一週間詣られる内に両目共きれいに全快されました。その時居合わせた人達皆、人事と思えず泣いて喜ばれました。

生い立ち　神助

貧しき百姓は外にすべもなし
吾も十三にして故郷をいでたり

浮き草やながれ流れて慈悲の岸
玉の光をあふぐ嬉しさ
大前にひれふしゐれば自から
永遠の心にかへる吾かも

（昭和三十六年一月、みさきわけ一号）

二、生い立ち

代人の生い立ちを申し上げ、信者の皆さんの信仰に供したいと存じ、つたない筆をとりました。それこそたどたどしい文章では御座いますが、どうか読んで下さいませ。

家の凋落と母の苦労

前にみさきわけに書きましたように、私は貧しい百姓の家に、七人兄弟姉妹の末子に生まれたので御座います。貧しいながらも自分の屋敷にすみ、納屋には牛も馬もおりました。私は父母や姉達に可愛がられましたので、家の貧しさなぞ知らずにきました。父はやさしいよく働く人でしたが、お酒を呑まれますと人柄が変わり、これがあの父かしらんと思うほど、それはそれはひどい酒乱になられ、その為母はいつも苦労されました。お兄さんやお姉さん達も、酒乱の父に仕え苦労をなされる母を助けるために、兄は捕鯨

船に乗って働き、お姉さん達はそれぞれ奉公に出られました。末子の私は、お兄さんやお姉さんがおられなくなり、淋しくなってゆく家で、母のお手つだいをしながら甘えて過ごしておりますうち、一番上のお兄さんのお嫁さんがみえました。やさしいきれいな方でした。その姉さんが産後の肥立ちがわるく、三年ねたきりでいられました。母はお姉さんがこられてほっとされたのは、ほんのわずかの間で御座いました。生まれ出た孫の世話や、寝ていられる嫁の世話、幼い私の目から見ていても、かあさんの体がどうかならないかと思うようで御座いました。淋しくつまらないもので御座いました。野良から帰られればお姉さんの看護、孫の世話、母はいつでも寝ていなさるお姉さんを背負ってお風呂に入れておられました。

乳を呑む一年生

今までは父や母と一緒に寝てお話もして頂いていたし、母のお乳を七歳まで呑んでいた私で御座いました。それについてこんなことがございます。一年生に上がった時、先生がまだお乳を呑んでいる者は一寸手をあげてごらんなさいと言われましたので、得意になって手をあげました。すると私のほかに二人手をあげた人がありました。先生が笑いながら、もう今日からお乳を呑んではいけませんよと言われました。とたんに私はその時、なんだ、学校ってつまらないものだなあ―と思いました。大急ぎで家にかえり、丁度家にいられた母を裏の納屋に連れ込み、誰にもみられていないことをたしかめて、思いきりお乳を呑みました。そのとき母に、お母さんのお乳、このごろあまり出ないわねと申しながら、先生の言われたことを話しますと、母が、

「先生ってえらいね。学校へ行ったら先生のおっしゃることをよくきくのですよ。」

と申しました。私は母に、

「あしたから学校へゆくことやめた。」

と言いますと、

「それは大変、学校へゆかないとえらい人にはなれないよ。えらい良い人になるためには、学校へ行って何でも先生にならい、良い人になるのですよ。学校へ行かない人には、これからお乳はあげませんよ。お母さんは左利きで恥しく寺小屋にゆかなかったから、この歳になっても後悔していますよ。お前はお兄さんやお姉さん達とはちがい、体もよわいし幼いのですから、家の事をしなくとも学校へ行くのを仕事にして、せっせと学校へ行きなさい。でないと後で悔いをしますよ。」

とさとされたことを、今でも昨日のように思いだされます。

昇級

そのうちお乳を呑むこともやめましたが、学校ではいつも男の子から、

「やあ―い、ちびのお乳のみよ、お乳のみ。」

とひやかされ、だんだん学校へ行くのがいやになり、姉のねているそばで赤ちゃんを見て遊ぶようになりました。私の学校行きのことで父と母とが言い争いしていることもありました。だまって聞いていますと、父は、

「あんなにキヌエがいやがっているのに、かわいそうだからやるな。」

とどなっていられます。母は、

「キヌエがかわいそうだからやるのです。大きくなってキヌエが学校へ行っていないと、私のように本当に苦労しますよ。げんに上の子達から、父さんの理解がないため家のお手伝いばかりさせられ、学校へ行っていないから、上の人から仕事ぶりを認められてかわいがられても、上にあがることができぬ。残念だと言ってきているではありませんか。」

と言われると、いきなり母のなぐられる音がきこえてきます。

「きさま、おれに口答えする気か。」

と言う父の大声が聞こえてきます。私は明日こそ学校へ行こう、大切な母がまた父からいじめられなさると思い立ち、泣く泣く行く気になり、つぎの日から行ったものでございます。案の定、一年生の終わりに母が学校からよびだされ、今年は落第した方がよかろうと言い渡されましたそうでございます。そこで母が先生に、

「キヌエが学校をいやがって参りませなんだので、落第は仕方がございませんが、今年あの子が落第すると、また落第坊主、落第坊主といっていじめられ、また学校をいやがります。どうかビリッコでもよろしうございますから昇級だけさせて下さいませ。」

と先生にお願いしますと、先生もお考えになっていられましたが、

「いいです。一年生のことだから上げましょう。」

と言われましたそうでございます。するとそのとき、外に六人ほどいられた落第生のお母さんたちが、

「私の子もお願いします。私の子も……」

と願い出られ、

「よろしい。皆一緒に昇級させましょう。」

と言って下さり、皆で二年生にあがることができました。後で母が、皆のお母さんからよろこばれたそうでございます。

甥を連れて通学

このようにして三、四年はすぎ、五年生のときから甥が学校へ行くようになって、甥を連れて学校にゆき、私のそばにすわらせて先生のお話を聞いていました。甥はいやになるとおしっこだと言いだします。やっとすませて先生のお話をきいていますと、

「早く出よう。お外で遊ぼう。」

と言いだしてききませんので連れだし、校庭の隅でおべんとうをたべさせて、教室に入ろうとしますと、

「帰ろう、帰ろう。」

と泣いてききません。こまっていると先生がやってきて、

「今日は連れて帰りなさい。明日から連れてこないように。」

と言われますが、農繁期にはどうしても連れて行くようになります。幼い日はこんな日々でございました。


(昭和四十四年、未発表原稿)

三、幼少時の霊的体験

私は幼い七、八歳頃から狐火を見たり、火の玉や人魂を見たり、不思議な事にばかり出会いました。十四歳の時に奉公して使われておりました家で、幽霊が出るのをよくみました。

幽霊を見る

或る夜、何かのけはいにふと目をさましますと、枕許に子供を抱いた女の人が泣いています。驚いて友達を起こし、女の人が泣いているのを幾度教えても友達にはどうしても見えませんでした。その内すうと消えてしまいました。翌朝御主人に昨夜のことを話しますと、それはあんたが疲れていて、夢でも見ていたのだろうと言って取り上げてくれません。それからは、毎夜その人が出て来ますので、子供の私にも夢でない事がはっきり致して

来ました。言えば御主人から家にけちを付けると言ってひどく叱られます。その内に私も段々に恐ろしくなって来て、他の部屋へ寝かせてもらいました。すると、それからは出て来ませんでした。やっぱり、あの部屋が悪かったのだと思いました。それにしても外の人に見えないとは不思議なことだと思い、ある日、お使いに出された時に、近所のお年寄りに聞きますと、お年寄りの言われるには、

「大分前の事だが、あんたの家では女中さんが幼い子を道連れに自殺した事がありましたよ。それから人の噂に幽霊が出る出ると言っていたが、矢張りそうなのだね。それにしても、あんたにしか見えないと言うのは不思議な事だね。罪がないので見えるのだろうよ。」

と聞かせて下さいました。

父の死を予知

私が十六歳の時、父が田圃で急死致しました。その時間に父が私の枕許へ出てまいりました。長姉の家にいて、姉達と一緒に寝ておりますと、野良着のままの姿で父が立っていられます。

「あら、お父さん、何時来たの。」

と言いますと、

「今来たよ。」

と申します。そして私の顔をしげしげと見ていられます。起きようとして寝返りをしますと、今まで立っていられた父の姿が見えなくなってしまいました。不思議なこともあるものだと、姉を起こしてききましたが、姉は別に父の声も姿も見ないと言われます。すると、門の戸をとんとんたたいて起こす人があります。出て見ますと、

「電報ですよ。」

と言って渡してくれました。見れば

「チチシススグカエレ」

との電報でした。矢張り、今のは父だったのか、おもえば幼い時から、弱い私をことに可愛がって下さった父さんでした。亡くなってまでも、私にだけ会いに来て姿を見せて下さいました。帰って母にこのことを話しますと、母が申しますには、丁度三日前、父が仕事をする手をやすめ、急に私に会いたいと言い出されましたので、

「会いに行かれたらキヌエも喜ぶでしょう。」

と言われますと、

「我慢しよう。」

と言って、仕事にかかられましたそうで御座います。死なれた朝も、私の事を言いながら田圃へ草刈りに出てゆかれました。丁度私の所へ会いに来て下さった時間に、倒れて亡くなられましたことがわかりました。父へのお別れに、顔の白衣を取りますと、急に鼻血が出て止まりませんでした。母を始め親類の者達もこの様を見て、父がどんなに会いたがっていたかを知って泣きました。あの朝、きぬ江に会いたいと言われた時、無理にでも、会いに行かせればよかったのにと、母は後悔していられました。私の地方では、死人の思い人が会いに来ると、死んでいる人から鼻血がぬけると言い伝えが御座います。

義兄の死

こうして父が急死致しました二ヵ月前の同じ日、「六月二日」のことで御座いますが、義兄の家から出火致し、義兄は申し訳がないと言って縊死《いし》致しました。この義兄が日頃口ぐせのように申しておりましたことは、

「自分の子供達（姉には義理の子）は皆成人し、それぞれに幸せな生活をしているので、このお店はお前（私）

につがせ、お前を幸福にしてあげるよ。」
と言っていられました。その義兄が思いもかけぬ禍いから死んでしまわれました。火事は義兄の家一軒だけですみましたが、隣接して酒蔵があり、石油倉庫がありますので、引火すれば大変な事になると思ったので御座いましょう。人の良い義兄は、

「今の中に申し訳の為死のう、お前も一緒に死んでおくれ。」

と、姉の手を取って火の中へ飛び込もうと致しますので、気丈な姉は火の中から義兄を連れ出し、義兄をはげまし消火に務めておりますうちに、義兄を見失ってしまいました。この時、俄に大雨が降り出しましたので、火勢も衰え火事もおさまりました。幸い、義兄の家一軒だけですみ、ほっと致しました。すると義兄がいないのに気付き、皆が手分けしてさがしましたが見つかりません。何ともたとえがたい悲しい予感におそわれているその時、人が義兄の死を知らせに来てくれました。ああ!! 今のあの雨は、義兄のみ霊が呼ばれたのか、有難いことだ、日頃やさしい義兄が死んでまで私達を助けて下さったのか、とやさしい義兄の心をしのび、泣きました。人の不幸は何時やって来るかわかりません。私達の幸せも本当に一瞬の間で御座いました。

義兄が死にましてから丁度ひと七日のことでした。見知らぬお婆さんが尋ねて来て、

「先頃御不幸があったお家はこちらさまで御座いましょうか。実は、私が一週間前に田圃に行きますと、急に体の工合が悪くなりました。大急ぎで家にかえりますと、けろりとなおってしまいました。翌日田圃に行きますと、又急にぐあいが悪くなりました。大急ぎで家に帰り医者に見せましたが、どこも悪い所は無いと言われます。毎日、それを繰返しておりましたが、あまり不思議なことで占ってもらいました。すると、御宅の御主人の霊が現われて申されますには、私は一週間前、家から火を出し、申し訳のために縊死しました者で御座います。

その時私の縊死した松の木が、切ってあなたの田圃の畦においてあります。それを人に踏まれたり、噂にされているのが悲しくてなりません。どうか、家内に伝えて焼いてくれるように、又火元は私の家でなくお隣であった事もお伝え下さい、お願い致します、と言われ、私もお気の毒に思いましたが、いつまでも取り憑いていられては困ります。早く来て松を焼いて下さい。」

と言って帰られました。この事を聞かされた姉は驚いて、早速お寺に参り、お坊様に松の木を拝んでもらった上、焼き払いました。この事があって、お隣から三回も火が出ましたが、何れも大事には至りませんでした。矢張り義兄が申しましたように、火元はお隣からということが立証されました。この火事の為義兄が死に、私達の境遇も一変致しました。そして次第に不幸になって行きました。この姉も後に嫁ぎましたが、間もなく主人が結核にかかり、三年間看護致しましたが、とうとう死んでしまわれました。また縁あって参りました人が、嫁いで一年後に沖へつりに行き死んで帰りました。

姉もこのように、次々に死んで行かれる夫の菩提を弔いながら、一人で暮らしておりました。するとその頃復員して来た人で、気の毒な人がありましたので、お世話致しております中に御縁があって再び結婚致しました。この度こそ、生涯の御縁で幸福に暮らせるものと喜んでおりましたのも束の間、主人に女が出来て、家を出て行ったきり帰って来なくなりました。取り残された姉はその人の子供と淋しく暮らしているという事を、別れて十五年振りに知らせて参りました。気の毒な姉の為に御神言を頂いて上げますと、大神様が、

『主人が帰って来る迄は何年でも、いや、死ぬ迄待っておれ。』

との御言葉で御座いました。この御神言を伝えますと、姉も御神言を守り、主人の帰りを待っておりました。ところが姉も長年の苦労が重なった為か、脳溢血で倒れ、間もなく死んでゆきました。思えばこの姉も一生不幸に

終わってしまいました。

うちつづく不幸

私が十六歳の時義兄が縊死致しましたので、この姉の家を出て働いております中に、縁が御座いまして、二十一歳の春結婚致しました。ところが、不幸な私は、主人が勝負事が好きな所へ働く事は嫌いで、その上お酒には眼がなく、あれば朝からでも呑みたい人という事がわかりました。幼い時から酒乱の父や、酒を呑めば仕事をしない兄に、今日までこうして苦しい悲しい思いをさせられて来ましたので、自分の一生をたくす人がこの有様ではとても見込みはなく、またしても不幸な年月を送らなければならぬと思い、主人のいない間に、岡山にいる姉の家にたよって行きました。行って見ますと、ここでも義兄が商売に失敗し、差押えをされ、今二百円ないと近日中に競売に付せられるというところで御座いました。当時の金で二百円は、私達にとりましては大金で御座います。しかしこの話を聞いておりますうちに、そのお金は私が作りましょうと言ってしまいました。どこへ借りに行くというあてはありませんが、何とかしなければ義理の子供を五人も連れて苦労していられる姉が気の毒になってまいりました。やっとお金を作り、差押えを解いてもらいました。この金の為に、これから先またどんな苦労をするかも知れぬのですが、姉のほっとした顔を見て良い事をしたと思いますと、急に心がはずんできて力が出てまいりました。それから岡山で働いておりました私は、ふとしたことから讃岐小豆島へ渡り、働いておりますうちに生活も安定しましたので、母を故郷から呼び寄せ楽しく暮らしておりました。そのうちに私が病気にかかりまして、思うにまかせませんので、いっそ死のうと思いました。気の毒な母の事なぞ忘れてしまい、双子の浦に身を投げました。幸い、玉光大神様にお助け頂きましたが、その時死ぬにも死ねない自分なのかと、一夜泣き明かしました。

大神様から、また母から、じゅんじゅんとさとされ慰められて、やっと気を取りなおしました。この母一人を

思えばこそ、今日迄どんな苦労にも堪えて来たのにと、心を取り直し、お助け下さいました大神様と母とに心からお詫びを致しました。

私が故郷を出ましてから母を引きとります時まで、長兄からの度々の無心も、酒代になるとは知りつつも、もの心ついてから母の苦労を思い、母にだけはこの上苦労させたくないと、そればかりを思って、やっと買った時計も指輪も売ってまで、送金しておりました。

長兄の無心

長兄からの手紙と言えば、何時も「金送れ」。今年は不作で地主へかちょう米が払えぬ、また、牛が死んで百姓ができぬ、金を送れ。今年は父の七回忌にあたるが、お墓がまだそのままで、父に申し訳がないので建てたいからお金を送れ。送りますと、あの金は他へ使ったから、今度は間違いなく建てるから宜敷く頼む。また送れば先祖からのお家をどうしても手放さねばならなくなった、何とか都合をつけてくれぬかと、その時ははるばる尋ねてまいりました。仕方がありませんので、家だけは売らないで下さいと約束して、三百円持たせて帰しました。別れる時、

「お兄さんともこれで縁切りよ。」

と言ってお金を渡しました。いかにあつかましい兄でも、二度と金の無心には来まいと、ほっとした気持でおりますと、半年もたたない内に、

「金送れ。」

と言って電報がまいりました。あまりの腹立たしさに、

「預かった金は無い。」

と返電してやりました。その後からすぐ、母の事が思われ、すまぬ事をした、兄から金をつくるように言われ、

さぞ困っていられるだろうと思いますと、心がとがめて苦しう御座いました。或る日の事、いっそ母を引き取ってお世話しよう、そうすれば度々の無心にも応じなくてすむと思い付きました。早速母の晴着を作り、旅費と一緒に送りました。岡山まで迎えに行き、無事に連れて帰りました。他の兄や姉達も、散々長兄の為に迷惑をかけられ、長兄に愛想をつかして、とうとう兄達二人家族五人がサイパン島へ出稼ぎに行ってしまいました。私はいよいよ母を引き取り、今度こそ母もいられる事だし、楽しく暮らせると思いますと、急に世の中が明るくなって来ました。こうして母と楽しく静かに三年を暮らしております所へ、

「姉危篤すぐこい。」

との電報が来ました。その頃東京に移り住んでおりました岡山の姉からの電報で御座いました。上京して看護して上げたい、さりとて歳を取られた母を知らぬ土地へ一人置いて行くのは可愛想だし、大神様に御伺い致しまして、一時母を故郷へ連れて帰りました。帰郷して自動車から下り、大きなトランクをさげ、心をはずませながら家に入ろうと致しますと、母が後から呼び止めます。

「あの家は、兄が他へ売ってしまったのだよ。お前にはすまぬ事だ、今までお前に苦労させた事を思うと、私は今日までどうしてもこの事を言い出せなんだ。こらえておくれ、母に免じて兄さんをどうか許してあげておくれ。」

と申します。そして納屋を改造したという家に連れて行かれました。内を見ますと、幼い時、ここでよくお友達とかくれんぼうしていて、見付けられるまで落書きしていた痕も残っているなつかしい所で御座いました。思えば十三歳の時から二十四歳のあの日（御神助賜わりました日）まで、母を思い家を思う一念から働き続けて来たのにと思いますと、くやしくて泣けて来るのをどうすることもできませんでした。

母が帰って来たことを知って、近所の人達が挨拶に見えますので、私も気を取り直し、母の陰からそっと挨拶を致しました。

過去世を知る

暫くして氏神様や、先祖のお墓参りを致しました。途中、もしやと思いました父のお墓も、矢張り土饅頭のままで御座いました。父の墓前で泣きたいだけ泣きました。あんな酒乱の父でも生きていて下さったら！

墓前で泣いておりますうちに、大神様の御言葉が御座いました。

『代よ、いつまでもなげいていてはならぬ。今から吾の申す事をよく聞け。そちの前世は名高い高僧であった。なれど只一度の女戒をおかした為、その罪に苦しみ、女人に生まれ、今日までの苦労を重ねて来たのだ。この因縁を深く悟らなければ、これからそちの行はなり立たぬぞ。また行力も出ぬ。』

との御言葉に、初めて深い過去世の罪を知りました。そして何事も皆因縁事だと思い、あきらめがついてまいりました。それから一切大神様におまかせして、只々因縁消滅を祈り続ける事に心を定めました。大神様の御言葉を頂いて見れば、兄もかわいそうな人だと思えるようになりました。帰る道すがら母が申しますには、

「私も大神様のお諭しを頂いてあきらめはついたが、あの山もこの田圃も、昔は皆、本山のものだったが、お前達のお祖父様もお酒が好きで、人からお酒を呑まされては金の証人になられ、受け印してその負債《かた》に、山も田圃も皆人手に取られなさったのだよ。」

と申し聞かせてくれました。落ちぶれれば人は見向きもしないけれど、と涙で語ってくれました。人心のたよりなさは、これまでにいやというほどみせられましたが、今更ながら冷たい世間の人がいやになりました。これから先は、大神様にしっかりおすがりして浄く生きてゆこう。私のように、知らない因縁のために苦しんで世を

かこっていられる人の力になって、生涯を捧げてゆこうと決心致しました。兄への土産にと思って持って帰りました金で父のお墓や兄嫁のお墓も建てました。

暗夜の燈火

こうして幼い時からの事柄を書いて行きますと、まるで夢のようで御座います。日頃大神様が、

『代よ、人々はそれぞれ定められた道を行くものぞ。そちは吾の定めた道を行け。これからは世の人の為に暗夜の燈火となり、生涯をもえ続けて行けよ。消せば、この火を目あてに道を求めて来る者を迷わす事になるぞよ。迷いは一切の働きをとめてしまう。そして滅びて行くものと知れよ。』

と、おおせ聞かして下さいました。今の私は何という幸福者で御座いましょう。大神様から清光さんや博をさずかり、三人一体となって、大神様のお示し下さいます御道を一筋に、少しでも人様の為に、世の為に、お役に立てて頂けますので御座います。今は、何もかも感謝で一杯で御座います。これもみな亡くなった母の深い信仰のお徳で御座います。それに清光さんの真実の心が、私達三人の今日をあらしめたので御座います。清光さん有難う御座います。

私の母の霊的体験

これから私の母の体験を申します。母が二十四の時（私の奇蹟も二十四歳で御座いました）、父が長い患いで寝たきりでいられました。そこへ六部さん（行者）が這入って来て、備中の高松稲荷のお札を取り出し、母に渡して言われるには、

「このお札を祀り、一心にお祈りなさい。御主人の病気は立ちどころに治ります。」

と言って、お札をおいて行かれました。それから母は、毎日一心に父の病気全快をお祈り致しました。しかし、病気は依然としてよくなりません。神様にいくら祈っても治らぬこの重い病、そのためとは言え段々気むずかし

くなられる父の看護に、昼は幼い子供二人を連れての野良仕事に心身共に疲れ果てられた母は、いっそ死んだら楽になるだろうと思うようになられました。或る日、田圃から帰って来て、父のお世話も手落ちなく致した上、二人の子供を寝かせ付け、そっと家を抜け出しました。死に場所をさがすうちに、両親に一目会って死のうと思い、一ッ村先の里に行きました。両親と話をしておりますと、何となく様子の違う娘に気が付いた父は、世間話にかこつけ、種々と人の歩むべき道、妻としてまた人の母としてしなければならぬ事を説き聞かせ、心得違いをせぬようにと、それとなくさとし戒められました。そして早く帰れとせき立てられて帰って参りました。途中自分の家の田圃の小屋に入り、行く先を考え矢張り死のうと思いますと、子供の顔が眼の前に出て来て消えません。眼をつむっても、手で払いのけようとしても、顔は依然として消えませんので、母も子供がふびんになって参り、死ぬことを思いとどまりました。翌朝、表を大声で人が走って行きます。何事が出来たのかと出て見ますと、本山の田圃の小屋で首吊があると聞かされ、母は昨夜の自分を思い出し、血がとまったかと思う程びっくり致しました。家に走り込み、二人の子供を諸手に抱きしめ、声をしのばせて泣きました。この先どんなにつらい事があっても死のうという事は考えまい、子供の母としてしっかり生きて行こうと、かたいかたい決心をされました。

それからは以前にまして一生懸命働きました。しかし何一つとして好転は致しませんでした。そこで母はあの六部さん（行者）が言われたことは皆うそだったのかと腹を立て、

「今度裏の川に大水が出たらお札を流してしまう。」

と父に申しました。するとそのとたんに、母の手足が引き吊り、眼を白黒させて苦しみ出されました。居合わせた近所の人達が驚いて、医者に走るやら、母の里のばばさまを呼びに行く人やらで、大変なさわぎになりまし

た。母は意識だけははっきり致しておりますので、皆に心配しないように言おうと思いますと、ますます身体が引き吊りどうしても口がきけません。父がそばからこの様子を見て、

「今、お前は神様の事をあんなに悪口を言ったので、神様から罰を与えられたのだよ。」

と言いましたので、はっと心づき、

「おとがめを受けているので御座いましたらどうかお許し下さいませ。」

と母は一心に念じました。すると身体の自由がきくようになりました。

家族の霊感と因縁

この事があってから、母に霊感があるようになり、おかげで父もまもなく全快されました。併し母に霊感があっても、人を占ったりすることは父が嫌いでしたので、致しませんでした。そのくせ御自分は火傷の御まじないが上手で、人様の火傷の痛みをよく治してあげられました。或る日も、大火傷をした人を戸板に乗せてみえられました。男の人でしたが泣き狂いしておられました。父がその人の身体にそっと手をおいて何か二言三言申しますと、静かになられました。痛みも去ったのか、その中に睡ってしまわれました。このように私の家では、父も母も不思議な力を持っておられました。次兄も、姉二人にも霊媒の素質が御座いました。病気は因縁の病気とでも申しましょうか、祖父母も父母も長兄長姉も皆脳溢血を患い死亡致しました。霊感のあった次兄は胃癌、次姉は子宮癌で死去されました。私も一昨年、東大病院で手術を受けますまでは、十年余り子宮筋腫を患い、随分お行の邪魔になりました。父は日頃喘息持ちで、何時も鼻血がぬけて困られました。その為か、私も大神様のお助けを頂きます迄は、何時も鼻血がぬけて晴れ着をよごしては叱られました。又小さい時から膀胱炎で苦しみましたが、不思議なことに十三歳の時、氏神様の春祭りにお詣り致そうとしております時、小指の先程の結石が自然に出て参り、何時の程にか治りました。

又十七歳の時肺炎を患い、一週間も意識不明でおりました。その時体験致しましたことで御座いますが、広い広い野原一面にきれいな芝が生えていて、その上を私が一生懸命走っておりますと、だんだん坂道になって参り、ふと見ますと立派なお宮が建っております。早く行こうと思いますが、苦しくて登る事ができません。あえぎあえぎ登っておりますと、後ろから私を呼ぶ声が聞こえますのでふりかえりますと、姉の顔が目に入り、だんだん気が付きますと、皆が私の顔を心配そうに見ていることがわかりました。一週間前倒れましたきり、昏睡状態になり、医者も生命の程は受け合えぬと申されているという事をきかされました。十三歳の時にも私が打ってもらった電報の違いから、故郷に帰って見ますと、早桶が出来ていて、父や母が泣き泣き葬式の支度をしておられる所で御座いました。母が示した電文を読んでみますと、

「キヌエシス。」

とあります。

「キヌエカエス。」

と打ちましたのに「死す」と間違って受信されていることがわかりました。その為に大変な嘆きをかけてしまいました。身体が弱かった私は、幼い時から父には心配ばかりかけましたので、み霊になられてからもつきまとわれていました。それで父と同じ病気にかかり、長い間苦しんでいた事が解りました。

人の因縁と神様の御力

このようにしたためて参りますと、皆様にも御因縁がよくわかって頂けた事と思います。己が前の世の罪も、先祖の罪事も、皆現在の自分に課せられていて、果たしていくより外に仕方がなく、浄めなければ幾世も幾世も続く苦しみであることを知って頂きたいと思います。私の過去の事柄をあらわに申しましたのも、信者の皆様に、神様のおいでになるという事と、偉大な御力を知って頂き、おすがりして因

縁を解いて頂けば、どんな人でも皆が幸福になれるということを信じて頂きたい為で御座います。生まれる時神様から頂いたような何の罪穢れもない清い清い魂にかえらなければ、生まれ変わり死に変わりして清められて元の魂にかえって初めて神のみ許に行けるのであって、死ねばすぐに神様のみ許へ行けるのではないことを悟って頂きたいので御座います。皆様もこのことを悟って下さって、本来の姿にかえり幸せになって頂きたいので御座います。　合　掌

神助

かにかくに今日を来にける女手の
　貧しさたへしみ恵のもと

故郷

山よりのおそき帰りの父待ちて
　母のみは夕餉とらでゐませる
ふとさむればゐろりの細火かき立てて
　母は夜更をなわなひゐます

刈上げし田圃の広さめご持ちて
　落穂を拾ふ北風の中

庭越しに鐘ぞ聞ゆれ今は吾が
　家にはあらずしばし目をとづ

小豆島に母を迎へて

久びさに会ひ見し母の面やつれ
　髪に白髪のふえてゐませり

改めて挨拶せんと向ひたる
　母の前歯の抜け給ひたる

自動車のあぐる砂塵の舞ふ道に
　かばひし母を溝に落しぬ

母上の好める芝居のまた来しか
　顔ぶれをする太鼓の音すも

（昭和三十六年五月、みさきわけ三号）

四、御神名の由来と母の信仰

玉光大神様の御神名の由来、ならびに私の生い立ちを書いて、信者の皆様の御信仰に供したいと存じ、つたない筆をとりました。

私達が玉光大神と申し上げます玉光大神様とは、天津神にまします天御中主神《あめのみなかぬしのかみ》、高皇産霊神《たかみむすびのかみ》、神皇産霊神《かみむすびのかみ》、伊《い》弉諾尊《ざなぎのみこと》、伊弉冊尊《いざなみのみこと》、天照大神《あまてらすおほみかみ》、木花咲耶姫尊《このはなのさくやひめのみこと》の七柱の神を御一体として申し上げます。

神の御降臨と御神名の由来

丁度今から三十七年前私が二十四歳の秋、種々な境遇におかれ、苦しみ悩みました末、死を覚悟致しまして、現在本宮の御座います香川県小豆島双子の浦に身を投じました。その時、神の奇蹟がおこり私は助かりました。それと申しますのは、その時私の体が宙にうき、元の場所に投げもどされたので御座います。放心していた私には、どのぐらい時がたったか存じませんが、気がついた時には母に抱かれていました。そのまま母のひざにじっとだかれていますと、私の耳元でお声が聞こえて来ます。初めは母かと思い、

母に、

「誰か私に話をして下さる方がある。」

と言いますと、母は、

「それはお前の気のせいですよ。あんな事があったからお前の気が顚倒しているのでそのように思えるのですよ。誰も外の人はいません。母さんと二人だけ、心を静めなさい。このようなところを人に見られても悪い、早く帰ろうよ。」

と母が申されますと、またお声が聞こえ、此度ははっきり聞こえ、

『代《だい》よ。吾は天津神玉光大神じゃ。これから吾が申し聞かすことを、よく聞け。今から五年の後、天がさかさになるような戦争がおこる。吾はそれを済度に降った神じゃ。今、そちを祐けたのは、そちが日頃親に孝養をつくしているゆえ、その徳にめでて、祐けとらせたのだ。これからはふたたびこのような心得ちがいをしてはならぬ。』

とおおせられました。

『これから吾を祀り、吾の代《だい》として仕えよ。そして吾を玉光大神とよべ。本来神には名前も位もいらぬ。まして社なぞいらぬものぞ。なれども人を導くための方便として心要なのだ。玉光とはそちに与えた名前なのだ。世のことわざにもあるように、玉磨かざれば光なしじゃ。そちもこれから吾が与えた玉を磨き上げ、吾をはずかしめぬよう心してまいれよ。玉光の玉の丶（点）は天の丶で、すなわち宇宙の王という意味じゃ。今そちにあたえた金の玉のように、きれいに丸く常に丸い心で、慈悲心をもって、智恵の光で正しく物事を判断して、人をたすけ導かねばならぬ。人には情が一番大切なことぞよ。忘れてはならぬぞよ。これから命がけで、与えた玉を磨

き上げ、尊い光を放って行けよ。』

とおおせられました。

気がついてみると、あたりが朝明けのような、それはそれはきれいな色につつまれていました。その中に金の玉が光り輝いていました。玉を見つめておりますと、だんだん昇って行き、たなびく紫雲の中に消えてゆきました。すると、今まで耳元で聞こえていたみ声も聞こえなくなりました。どのぐらい時がたったか、随分長い時間のようにも思われ、また束の間のようにも思われます。じっと母にだかれたまま、今見たこと聞いたことを胸にたたんでおりますと、母からゆりおこされ、われに返りました。

今のみ声、今のお言葉は、確かに神様のお言葉、母の日頃の声でもない、他人の誰の声でもありません。現在でも私の耳にはっきり残り、一言一句忘れずにおります。やっぱり神様のみ声だとわかりますと、今までの自分の心持とはまるでちがった気持になり、心が晴ればれしてきて急に身体に力がみなぎり、やれば何でもできると思われてきました。その時、母から

「お前も早く身仕度して神様にお礼を申し上げなさい。帰りましょう。」

とうながされ、泣く泣く髪をかき上げ、体をととのえ、母と共に神様へお礼を申し上げました。母へも御心配かけたことをお詫び致し、家路につきました。

母のお諭し

家に帰ってから、母の申されますには、

「私が台所で水仕事をしていると、何だか胸さわぎがしてきて仕方がないので、日頃よくお詣りする八幡様へお詣りしようと思い立ち、大急ぎで裏参道を登って来て、ひよっと前を見ると、お前が前の海をめがけて飛びこむところでした。私は驚いて声も出ず、そのままその場に坐り込み、日頃信仰する金光《こんこう》様へ一心

に祈りましたよ。すると不思議なことにお前の体が宙にういて、元の所に飛んで来たのですよ。私は二度びっくり、どこも傷をしていないし、気分のわるい様子もないので、しばらくお前をだいて気が落ちつくのをお祈りしながら待っていたのですよ。」

「キヌエよ、二度とこんな事はしないでおくれ。今日は私がいたからよいが、お前にもしものことがあったら、私はどうしたらよいか。知らぬ他国で一人、お金はなし、お前の後を追って死ぬより外に道はないのぞえ。これからは決してこんなことはしないでおくれ。生きてさえいれば、今にまたよいこともありますからね。ほんにかわいそうにお前は、幼い時から身体が弱く家の事にも苦労ばかりかけて、すまないね。かんにんしておくれ。」
と母が私をだいて泣いてくれました。この母、大切な母、私の長年にわたる苦労もこの母を大切に思えばこそ、今に私が安心をさせて、楽をさせてあげようと思いつづけ、どんな苦しいかなしい時でも耐えて来たのではなかったかと思うと、母をすてて死のうとしたことが申しわけなく、たとえちょっとの間でもこんな苦しいかなしい思いをおさせして申し訳ありませんと、お詫びいたしました。子として親を思いしたうのはあたりまえで、どんなに世の中がうつり変わり、はげしい流転にあっても、どのような国柄の人たちでも、この親子の愛情に変わりはないと思います。人間は言うにおよばず、犬猫さへも、いいえ、この世に生を受けて出て来ているものすべてのもの皆がこの愛情によって生かされ、育てられているので御座います。ことに私の母は貧しい百姓の家に嫁ぎ、七人（生まれたのは八人だったと言われましたが）もの子供を育てあげ、酒乱の父に仕え、夜の目もろくにねないで心身をすりへらし、それでもぐちひとつ言わないで働いていられました。末子の幼い心にうつる母の姿は、本当にいとしい、かわいそうな母でございました。目には一字も文字のよめない母でしたが、ほんとうにえらい人でした。

「キヌエ。お前は、お母さんが神様をおがむと、『神様なぞあるものか。世の中に神様があるなら、私はこんな苦労はしない。お母さんだって、どんなに困っていても人に親切にしてこられたのに、お母さんにはちょっともいいことがないでしょう』と毒口をききましたね。」

と、母は私をさとしました。それと言いますのも、私の母は若い時から金光教の熱心な信者で御座いました。父が日清戦争に行かれた留守の間にも一人で働き、子供を育て、やっと戦争から帰られたと思えば大病をされ、困りぬいて金光教に入教し、田舎としては広い家でしたから、信者の集まりの時には家に来てもらい、教師の方のお宿もしていられました。気むつかしい父に気がねしながら、本当によくお世話していられました。それなのに家はひとつも良くなりませんし、父の酒乱はひどくなりますばかり、その上、兄嫁が長年のわずらいで子供をおいて死んでしまい、そのため兄もお酒をのまれるようになられ、母の苦労のたえまが御座いませんでした。そんな風で、母が神様をおがんでいられるのを気の毒に思っておりました私は、いつも、

「のう、お母さん。神様なんてあるものですか。みんなお母さんの気やすめよ。」

なぞと、もったいない憎まれ口をきいておりました。それでも母は、

「神様はおいでですよ。神様が世の中においでのことが、母にはわかりますよ。私は神様にお願いすれば何でもかなえて頂けるよ。」

と申して熱心に祈っていられました。そして人様のための御神占もいただける母で御座いました。

優しいえらい母

母は近所に病人があれば見舞ってあげ、何でもあるものは、たもとに入れて持って行き、病人にたべさせていられました。ある日も母へ一緒についてゆき、かえりに母に、

「キヌエもほしかったのに。」

と申しますと、

「キヌエは今達者なので、何でもたべられるでしょう。それに大きくなって何でもたべられるようになる。あそこのおばあちゃんは今病気で、自分では何もあがれないから持って行ってあげたのです。ききわけのない事を言うものではないよ。それにね、あのおばあちゃんは、家のお父さんが日清戦争にゆかれ、お母さんがお兄さん達をかかえてこまっていた時、とても親切にして下さったのですよ。人に親切にして頂き、御恩になったら、おかえししてゆかなければ犬猫にもおとる人になるのですよ。受けた方は、受けた何倍も返して行かねばいけません。また、かえしたからそれでいいというものでもありませんよ。おかえししてそれをいつでも、そうできることをよろこんでいれば、神様がまたよいことをして下さいます。キヌエ、人に親切にすることを忘れないようになさいね。」

とさとされました。事にふれ折にふれて、母からさとされたことや、母が身をもって行なわれた姿が何時も思い出され、私の目裏《まなうら》にやきついて消えません。本当に愚痴ひとつ言われない、忍耐の強い、えらいお母さんでした。幼い時の思い出で御座いますが、これを書いている時も母の苦労が思い出され、なみだで筆がはこびません。本当にやさしい、えらい母でした。

この母の信仰の徳が今、私の身の上に現われ、私は助けられたので御座いました。

（昭和四十四年、未発表原稿）

五、神に召されたころ

最初のお社

昭和七年二月六日、玉光大神様の御神助を頂きましてから、御神言のまにまに修行致しておりますと、ある日、大神様が、

『代《だい》よ、社を建てて吾を祀れ。土地は丸山に定めてある。そちの知り人に相談せよ。』

とおおせになりました。お示しの方に相談致しますと、

「百坪あまりの土地ですが、丁度丸山に御座いますからおゆずり致しましょう。この土地は寄進致しても宜しいのですが。」

と言って下さいましたが、後になっていざこざがあっては大神様にたいして勿体ないと思い、当時の金で六百円出して買い受けました。お社を建てますのには足りないものですから、手持の品々を売り払い、その金で建て始めました。この事を心配していて下さった清光さんは土地の知り人に、また信者平松信男氏のお祖母さんは神戸の知人に、御寄進をお願いして下さいました。こうして皆さんからお力添え頂きまして、十八坪程の御宮を建て、大神様を御鎮座申し上げることができました。工事がなかなかはかどりませんので、村の人達の噂にのぼり、中には金もないのにお宮を建てていつになったら建つのやらと、陰口を言う人も出来ました。それを聞きますと、若い私は腹が立って来てなげ出したい気持ちになりました。すると大神様が、

『代よ、吾には宮を二つ建てる金がないので工事をのばしているのだ。人の噂に心を患うてはならぬ。唯、縁あって詣るものを助けてとらせよ。』

とやさしくおさとしを頂きました。御神言にはげまされ、自分の不心得をお詫び申し上げておりますところへ、あの恐ろしい室戸台風がやって来ました。昭和九年九月初めの未明、陸も海も大被害を受けました。神戸の大水害、小豆島附近の瀬戸内でも舟が流され、建築中の家が倒れ、大きな家が向きをかえたり目もあてられぬ有様でした。私がもし人の噂にとらわれて高台へ無理にお宮を建てておりましたら、どんなことになっていただろうと思い、自分のあさはかさに恥入りました。本当に勿体ないことで御座いました。何も知らない私を神様はこんなにしてお助け下さいます。これからは人が何と申しましょうと神様のお役に立てて頂きましょうと、堅い決心を致しました。その後一週間程たちますと、大神様が、

『さあ工事にかかれ、年内に仕上げるように。』

と仰せられ、大工にも御神言を伝えまして、一生懸命やってもらい、十二月二十二日の夜でき上がりました。そして翌日二十三日に御鎮座申し上げました。

この日は、私がお助け頂きました日と同じ二十三日で御座いますので、大神様の御徳を称えお助け頂きました日を忘れぬ為に、祭日に致しました。

御鎮座式の後、母が私に話してくれましたことは、

「今お前が御神前にぬかずいている姿を見て思い出した事は、お前が生まれて間のない時、六部さん（行者）が通りかかり、私に抱かれているお前の顔をしげしげと見て、『このお子さんは、大きくなられたら親も寄り付けないような高貴な身の上になられるか、乞食になられるか、大変変わった定めの人だから、大切にお育てなさ

い』と言って行かれました。こうして神様にお仕えしている姿を見ると、ほんに人としてこの上高貴な身の上はあるまい。真に勿体ないことよ。大神様の御言葉をよくお守りしてお仕え申し上げないと罰があたるよ。」

としみじみ話してくれました。

清光さんとの出会い

しかし、大神様にお助け頂きましてから、夜となく昼となく、海に山に遠いお山の滝にお行《ぎょう》に行っておりますのを、母は何となく不安に思われ、誰かここらに占う人はないものかと思い暮らしておりました。或る日母を連れて与九郎の稲荷神社へお詣りして帰ります途中、清光さんが博を連れ（此の時博が八歳でした）、四人でお詣りなさいますのに出会いました。私達は一礼して通り過ぎようと致しましたが、何を思いましたか母は清光さんに近付き、

「つかぬことをお尋ね致しますが、この辺に占う人を御存知では御座いますまいか。実は、娘が近頃神懸りになりまして様々な事柄を申します。神様の御言葉を伺ってはおりますが、もしよく占う人があれば伺ってみたいと思いますが。」

と申しますと、清光さんがお連れの方を示され、

「このお方に占っておもらいなさいませ。私の母も大病致しましたが、この方にお祈りして頂いて癒りました。その御礼に今お詣り致すところで御座います。」

と、御親切に教えて下さいました。母は大喜びで御一緒について参り、御神前でお祈りして頂きました。すると私に大神様が御降臨になり、

『代は狂人でも何でもない。吾が代人としての修行をさせているのだ。この後、代の事は一切吾にまかせよ。』

との御神言で御座いました。この御神言をきかれた行者さんは、

「貴方の娘さんには尊い神様がお降りになっておいでで御座いますから、御心配はいりません。安心して神様におまかせなさいませ。その方がこの方の御為で御座います。神様にえらばれた人は神様のこと以外には何をなさいましてもなり立ちません。早く神様をお祀りなさいました上、お思召しに従いお人助けをなさいませ。」と教えて下さいました。清光さんも御自分の御体験を種々とお話し下さいました。そこで私達親子は安心致し、お言葉に従い大神様をお祀りすることにきめ、喜んで帰りました。

これが御縁になり、それから後は清光さんがいつも私の家をお尋ね下さいまして、何くれとなく御親切にお世話して下さいました。だんだんお親しくなり、御神言によりお行にも御一緒に行くようになりました。その時にはいつも博と三人で参りました。或る時お滝へ参り、博をお滝に入れますと、鼻からも口からも水が入って息ができず困っていますと、大神様がお降りになり、滝に向かって九字をお切りになりました。すると滝の水が上から左ななめに外れ、博がやっとお滝から出る事ができました。こうして大神様は幼い博のお行を助けて下さいました。

或る時も与九郎のお山へ参り、三人が一心にお祈り致しておりました。そのうちに博の声が聞こえなくなりました。長いお祈りに飽きて外へ遊びに出たので御座いましょう。暫くすると、

「ああ卵が二つも落ちている。」

と博の叫び声が聞こえました。お祈りをしておりました私達も叫び声にふとお祈りをやめてふりかえりますと、土間の上に落ちている二つの卵が見えました。博が拾って見ますと傷一つありません。あまりの不思議さに、

「お前が置いたのだろう。」

となじりますと、

「いや、僕は落ちていたのを見付けただけだよ。」

と申します。卵が土間の上に落ち割れないという事は信じられませんでした。すると大神様が御降臨になり、

『代よ、そちは今、神に祈りながら疑いを持ったであろう。吾にはどんな力でもあることを示し、また一つには常にそちたちの身辺を守っていることを知らしめるための神業であるぞ。だが、このような事は、神の末の末の業であることを知り、以後は寸時でも神を疑ってはならぬ。』

とのきびしい御言葉で御座いました。


『吾子博』

博が九歳の歳に、

『此の子は十六歳の時に一命を落とすような大病にかかる。その時が越せれば後には大成をなす事ができる。』

と仰せになりました。はたして十六歳の時中耳炎を患い、そのため後二度も大手術を致しました。戦時中のことて麻酔薬はなく、長い手術の間苦しみとうし、何度か命もあやうくなりました。やっと手術も無事にすみ、退院後は高松の叔父の家でお世話になっておりました。ある日大神様が突然、

『博の一大事だ。今すぐに清光を高松へ帰せ。一刻もゆうよはならぬ。』

との御言葉にいそいで帰島致しました。帰ってみますと、家庭の事情や病気の苦しみからすでに死を決している事がわかりました。清光さんは博の無事を喜び、

「玉光大神様の御言葉によってお前の一大事を知り、帰って来たのですよ」

と話して聞かせ、無分別をいましめ、どんなに苦しくても神様のお召しがない以上自分から死んではいけない、生きるという事がどんなに尊い事かを教え、母もお前のために今までもこれから先も、どんなに苦しくとも神様

のところでお前の幸せを祈り続けているのですよ、母と別れてお前の幸福はあるまいけれど、この母が生きているということを忘れずにいておくれ、そして二度と死ぬことを考えないでおくれ、決して死んではいけませんよとさとして、帰京されました。

清光さんもお父さんに早く死に別れ、八人兄弟の長姉としてお母さんを助け、随分御苦労なさいました。初めの結婚にやぶれ、二度目の結婚に、これまたあまり世間で類のないような苦労をなさいました。しかし博の母として、人のできない幸抱もしていられましたが、とうとう博が十二歳の時に別れる決心をなさいました。その頃東京におりました私のところへ、御神占をお伺いに見えました。すると大神様が、

『そちは今から俗縁をたち切って、吾のところへ参り、代と二人で吾の示す道をとけ。代も決して小豆島へかえってはならぬ。中央に留まり、二人が力を合わせ、世の為人のためにつくせ。今に日本の一大事がおこる。』との御神言で御座いました。清光さんも大神様に堅くお誓いなさいました。あらためて上京する事を約束して帰られました。私は病人の姉をかかえて生活にもこまっていた矢先でしたので、清光さんがみえられたのを幸に一緒に島へ帰ろう、帰りたいと思っておりましたところへ、この御言葉で御座いました。しかし御神言はまげられませんので決心致し、清光さんの上京なさいますのを心待ちに致しておりました。清光さんは子供のない私とちがい、いかに博の母として生きぬくためとは言え、可愛い博と別れてこられる事はなみたいていのことではあるまい、と私は御神言に心がいたみました。すると二ヵ月後の十一月に、お母さんや幼い博が泣いて止めるのをふりきって上京し、入教なさいました。

それから十年、二人の苦行が続きました。残された博の家には間もなく後のお母さんがみえて、世間の人の目にもあまるような仕打ちをされ、幼い博の苦労の日が続くようになりました。その内に戦争もはげしくなり、耳

の病気も癒えぬ間に海軍へ志願致して行きました。半年程で終戦になりましたので無事に復員致しました。この時大神様が、

『代よ、博をあのまま父の許においていては、折角命を全うして帰って来た博がまた命を失うようなことがおこる。早く父の許へ行き、話し合って連れ帰れ。」

との御言葉で父親の許へ参り、博をもらい受けてきました。すると大神様が、

『今日から吾子博（博を吾子とお呼びになられました）をそちにあずけおく。東京へ連れて行き学問をさせよ。十年の後には博に吾の道を打立てさせん。』

との御神言を頂きました。その時は、戦争のため小豆島の本宮に帰っておりました。

私達も御神言に従い戦後のきびしい東京へ出て参り、博は東京文理科大学の哲学科に入学し、大学院も五年無事におえ、今はもっぱら宗教心理研究に努力致しております。

これで皆様にも、清光さんや博との深い深いつながり、浅からぬ縁ということがわかって頂けたと思います。

海や山での修行

話を大神様御降臨の始めの頃へ再び戻します。ある時、夜中に大神様から起こされ、お滝へお行に行きます途中、いつの程か高壺の山の上にいる自分に気が付き、恐ろしさに玉光大神様の御名をとなえ一心にお祈りを致しました。すると、気がついてみると下の田圃道を歩いておりました。また双子の浦で胸まで海水につかっているので、あわてて渚におよぎ着いたことも度々で御座いました。どうしてあそこに行き、あんなに海水が来るまで知らずにいたのか、今考えましてもわかりません。その後、入部の或る漁師が、

「先達て朝早く沖へ出ようとして舟をこいでいると、女の人がはだかのまま岩の上に立ってしきりに九字を切

り、大声で何か言っているのを見て驚き、助けようとして近付いて行くと、祝詞が聞こえてくるので、異様な感に打たれ、これは只事でないと思い、見ているとそのうちに泳いで渡り、着物をきて帰って行かれたが、誰だろう。小さい女の人がよくあんな深い所に入り、長く立っていられたものだ。不思議な力のある人だが、どこの人だろう。」

と人に話されたということを聞き、自分でも不思議に思ったように、外から見られた人にもやっぱり不思議に思えたのだと思いました。またある時、朝暗い中に、

『中山の弘法の滝へ行き行をせよ。』

との御言葉で参りますと、山にかかるあたりから犬が私の前を歩いています。別れ路へ来ますと私の行くのを待っていて、私が行くとまた歩き出します。どこの犬か、山路を淋しくなくてよいと思い、初めのうちは気にもとめずにおりましたが、犬に道案内をおさし下さいます御神意とわかり、それからはいつも犬の行く方へついて行きますと、良い路に出られる事が分かりました。私がどんなに長い時間お滝でお行を致しましても、犬はちゃんと待っていてくれました。そして飼主でもない私にいつもついて参りました。こうして知らない山路を犬に導かれ、または山で木を切る人達に尋ねては、方々の山々をお行して歩きました。

弘法の滝での奇蹟

或る日お滝へお行に行きますと、田圃の草取りをしているお婆さんがありました。すると大神様が、

『あの者の家には長い患いでこまっている者がいる。行って助けてとらせよ。』

とおおせになりました。お婆さんに尋ねますと、

「あなたはどなた様で御座いますか。ここらで一度もお見受けしたこともない方が、どうして私の伜が長い患

いを致しているのがおわかりでしょう。おおせの通り、伜が長い患いで今では足も腰も立たなくなりました。患ってから、はや十三年になります。嫁も伜にあいそをつかして帰ってしまいました。」と老いの目に涙をため話してくれました。そこで大神様の御言葉を伝え一緒に家まで行きました。薄暗い部屋に大きな男の人が寝ていられます。お婆さんから私の事を聞かれ、やっと私の方へ目を向けられました。すると大神様が病人に、

『立て。』

とおおせになります、そばからお婆さんが

「この子は長いこと足が立ちませんのでそれは無理で御座います。」

と申します。大神様が大喝一声、

『立て!!』

と仰せられました。するとその男の人がすっくと立ち上がりました。

と仰せられましたので、背負ってみますとかるがると背負えました。後からひもをかけてもらい、尺杖をついて

『代よ、この者を背負ってお滝に行き、悪因縁を祓い浄めてとらせよ。』

十八丁の山坂路を途中一度も休まずお滝まで参りました。岩の上に腰をかけさせて待たせ、私は滝に入り、一心にこの人の悪因縁がとけ一日も早く病気が全快致しますようにと祈りました。滝から上り、その人にお加持をほどこし帰ろうとして尺杖を取りに行こうとしますと、その人が尺杖を取りに行きます。驚いた私が、あなたは歩けるではありませんかと申しますと、

「本当に私は歩いておりますね、どうしたので御座いましょう。」

と言い、その場へうずくまり声を上げて泣き出しました。奇蹟とはこんな事を言うのか、それにしてもあまりに勿体ないことだと、私も有難さに泣いてしまいました。それからお滝に向かい、二人で大神様に御礼を申し上げました。病人も歩けるようになりましたので、帰りには杖をこしらえて与え、路すがら私が大神様にお助け頂きました時のことなぞ話しながら参り、里近くになりますと、田圃から大声に、

「平助ではないか。お前それはどうしたんど、歩いてるではないか!! いつようなったんど?!」

と、鍬をすてて走って参ります。その声に他の田圃からも畑の人も走り寄って参りました。そこで今朝からの出来事を話してやりますと、村の人も、

「そんな勿体ないこともあるのか。うらら(自分ら)は昔のお大師様のことは聞いたが、今の時代にこんなことがおこるものだろうか。有難い奇蹟だ。お前これからちっとは信心もし、前のように酒を呑んでおふくろをこまらすなよ。また罰があたって立てぬようになるぞ。」

と口にはこのように申しながら、皆が我が事のように喜んでくれました。家迄連れてかえりますと、お婆さんは驚いて立ちすくんでしまいました。そこで、深い御因縁のあることや、外に種々のお障りがあることを教え、神様の有難いことを話して聞かせました。お滝に来る時にはまた立ち寄って、神様のお話をしてあげることを約束して帰りました。すると三日目に親子が御礼にお詣りされました。その姿を見ますと、湯にも入り着替えもしていられるので、まだ四十歳を出たばかりの大きな人で御座いました。こんな大きな人をあのお滝までどうして背負って行ったのか。しかも途中一度も休まず、不思議と言うにはあまりに勿体ないことだと、あらためて大神様の御神徳や御慈悲に深く感謝申し上げました。

ある日土圧町の琴平様の夜祭に参り、神前にて一心にお祈り致しておりますと、参拝人の一人が大神様御降臨

の私を見て、

「こんな若い女の人に神様が下がるものか。うら（自分）は神様もお大師様も三十年こうして拝んでいるが、今迄何の不思議もおこらんのに。」

と私に唾を吐きかけて行きました。ところがその人は帰り路で溝の中に落ち込み翌日死去されました。この話を人から聞かされ、私はどこの誰とも知らぬ人で、しかも唾を吐きかけられたことさえも知らぬほどなのに、相手の人が死ぬるとはどうしたことなのだろう。それにしても気の毒なことになられたものだと思っておりますと、大神様が御降臨になり、

『代よ、あの者は敵木の者でいつも悪いことばかりして親を泣かし、世間に迷惑を及ぼす者だ。人が己の身をもって行なったことは、良い事も悪いことも皆報いて来るものぞ。この道理をよくわきまえて、この後、人からどのようなそしりを受けても、どんな目に会わされても、人を恨んだりしてはならぬ。あの者は代に唾を吐きかけた事がきっかけとなって、日頃の悪業のむくいで死んでいったのだ。別に不思議でも何でもない、あれがあたりまえの姿だ。しかし不憫な者だ、よく弔ってやれ。」

との御神言で御座いました。私も初めの内は神様とはどんな御方か、どこに神様がおいでになるのか、よく出てこられる各々のみ霊はどこへ帰って行かれるのか、不思議な思いをすることばかりで御座いました。

このようにして、私達三人は常に大神様の御示しに従い、お行を致しまして、種々の奇蹟を拝まして頂きました。今日では、博に霊視や霊聴がありますので、御神言を奉じ真理をうちたて世のため人の為につくすべく精進努力致しております。　合　掌

御神言を拝して詠める

教へにも我なきわれにかへりなば
　玉の光の身にぞかがやく

身をもちて良きもあしきもなすことは
　幾世経るともむくひ来にける

目にみゆるものをすべてと思ふなよ
　神のみわざの末の末ぞも

清光さんを思ひて詠める

天地の別れし時ゆ定まるか
　君と吾との深きちぎりは

炉にあたる友そそくさと出で行きぬ
　門のポストをあけに行きしか

二三通の手紙持ちこし友の顔
　吾子よりの便り今日もこぬらし

山の上に独り吾が居れば松に吹く
　風は音立て久しかりけり

皇《わう》踏《たふ》の山の崖道登り来し
　松風の音聞くよ久しく

頭上より吾名呼び給ふ大神の
　慈顔を拝し土にひれ伏す

（昭和三十六年三月、みさきわけ二号）

六、御神示の数々

私が玉光大神様の御神助を賜わりましてから、いつの程にか、遠くの方から御神占を頂きにみえるようになりました。ある日大神様御降臨あらせられ、

大地を打つ槌は外れても

『代よ、吾が申すことにうたがいを持ってはならぬ。大地を打つ槌ははずれても、吾の申すことにはずれはない、安心して皆に伝えよ。そして何事も結果は吾にまかせよ。』

と仰せになりました。この御神言を頂きましてからは、どんなに本人にとって悪い事柄でも、不思議に思う事でもそのままお伝え致し、後は只一心にお祈り致してまいりました。

難船から奪った金

ある時、土圧から気の狂った人を連れてお詣りされた人がありました。すると、大神様が、

『此の者には、死霊が取り付いている。三代前の先祖が、難船にあって死んだ人の金包みを持ちかえり、そのまま着服したために、お前の家ではその後に水死人が出たり、狂人が出たり、家に不幸が絶えないのだ。お前もそのたたりで狂人になっている。今日から先祖にかわって死者の霊に深くお詫びをし、ねんごろに弔ってとらせよ。如何に富をなすとも、心が貧しくては真の幸せはこぬ。また後の世の幸せはないものと知れ。』

とお諭しになりました。するとそれまで、はだしのまま外へ飛び出したり、大声あげてあばれていました人

が、大神様の御前にすわり、首をうなだれて静かにしております。大神様が御手をその者の頭におあてになりますと、さめざめと泣き出しました。母親はこの様を見て、伜が正気になったことを知り、声をあげて泣き出しました。暫く泣いておりましたが、やがて涙の顔をあげ、

「私達は今日まで、そのような罪の財とも知らずに気ままに使い、金さえあれば今の世にかなわぬ事は何一つないと思い上がっておりました。今初めて、自分の心得ちがいに気がつきました、深く御詫び致します。」

と、真心を顔に現わし大神様に御詫び致しました。前非を悔い改めようとする姿をごらんになり、じゅんじゅんとお諭しあそばしますと、親子の者も因縁の恐ろしいことを知り、正しい信仰に入ることを誓って詫びつつ帰ってゆきました。この時居合わせた一人の老婆が思い入った声で、

「先生様、あなたは島のお方ではありませんので、よもやこの話を御存じではないでしょう。土地の人でも今ではこの話を知っている人は少ないのですが、私は今、神様の御言葉で、子供の頃母から聞いた話を思い出したので御座います。昔、初めてお札が発行されました時のことですが、今帰られた家の娘さんが、十円を持ってお米屋へ行き、『これでお米を一升おくれ、一升も買えるかえ。』と十円札を恐る恐る出しました。すると、お米屋の主人が驚いて、『これは十円札だが、お前の家にこんなお金があるのかえ。これなら一俵でも売ってあげるが。』と申しました。貧しい漁師の家に発行されたばかりの十円札のあることを不審に思い、問いただしますと、その娘さんはけげんな顔で、『これなら座敷に一ぱいほしてある。おとっちゃんが沖から拾って来た。』と言ってはっとし、口どめされていたものか、失言に気付き、あたふたと帰って行きました。この事が駐在所に知れてしらべられましたが、誰もとどけ出がないので金はそのままその家のものになりました。お米を一升買いするような貧しい漁師でしたが、その中に船を買い入れるやら立派な家を建てるやら、見る見る中に見ちがえるように

大金持の構えになられました。よくなると、人も昔の悪いことは言わなくなりますもので御座いましてね。しかし間も無くそこの伜さんが、沖で難船して死にましたよ。それからは今、大神様が仰せなさいましたように、金はありますが、はた目にも気の毒な程悪い事柄が絶えません。」と親から聞かされた話をしてくれました。

大金を着服した罪

またある日、土庄町の名ある大家の某氏が、「私の母は人の物がほしくて何でも取ってきます。また路におちているものは手あたり次第拾って来ます。人には何一つやりたくなく、家族の者にさえ惜しみます。思えば母がかわいそうでなりません。どうかこの母の性格を直して下さい。」と言って参りました。すると大神様が御降臨になり、

「そちの祖父が家が貧しくささやかなあきないをしていたとき、人が落とした大金をひろい、着腹し、そのため落とした者は公金を落とし、その責めを負って縊死している。そちの祖父は、その金をもとに、今日のようにはた目には立派な商売をしている。誰も知らぬ事と思っても、神と落とし主とは知っていて、その罪をのがれる事はできぬ。そちも祖父の流れを受け、不当な利益をむさぼり、人に恨みをかっている。以後はよくよく心して行けよ。」

とのお諭しで御座いました。某氏も初めて祖父の罪を知り、己の非を悟り、深く詫びて、自分も今から深い信仰に入ることを誓って行きました。死んだ人は誰が拾って行ったか知らぬはずのものが、霊はちゃんと知っていて、拾った人の家にたたりをなしているので御座います。人の怨霊の恐ろしさを、私もこの時ほどしみじみ思わせていただいたことは御座いません。本当に悟らせて頂きました。後に村の老人から聞いた話で御座います。

「ある家の先祖があきないに行き、山道にかかると大きな風呂敷包みが落ちているのでひろい、連れの人と木立の中に入り開いて見ると、真新しいお札がぎっしり入っていました。連れの女の人は、お札が発行されたばかりで、良く知らぬものか、『なんだレッテルじゃないの。』と言って行こうと致しますので、相手の男は、これは何も知らぬ女と見て取り、『レッテルだが中に少々お金が入っているらしいので、二人で山分けにしよう。そのかわり、誰にも口外せぬと約束をしよう。あんたの方に沢山あげる』と言って小さい額の一円札を皆渡し、自分は大きい額の十円札を取って、お互いにこの事は人に言わぬと固く約束をして帰りました。ところがそのうち公金を失い、申し訳のためと言って縊死した人があるという噂が広まりました。これを聞いた拾った二人は、今更言い出して恥をかいたり、お上にしらべられどんなお叱りやおとがめを受けるか知れぬ、それが恐ろしさに悪いことと思いながら、とうとうそのままに致しました。するとその家に不思議な事が次々起こり出しましたので、占ってもらいますと、縊死した人が出て来て、『金をかえせ、かえすまでたたってやる』と申しました。その人はあくまで知らぬ存ぜぬで通し、死人に口なしで取り上げられませんでしたが、誰言うともなく、一口二口と人が言い出して、大変な噂だったですよ。」

と気の毒な人の物語りをして下さいました。この話を聞くうちに、ああこれは先日詣られたあの家の先祖のお話だなと思い出しました。大神様の偉大な御力、御慈悲に只々勿体ないことと思いました。そしてひそかにその人達の罪を詫び、縊死した人の冥福をお祈り致しました。

死者を見捨てた漁師

またある日も、大谷部落の漁師が不漁をかこってお詣り致しました。すると大神様が、

『そちは半月前、沖で死人をみつけたが、かかりあいを恐れ、見すてて来たであろう。死者の霊はそちに救いをもとめて、舟について来ている。そのため船玉様がそちの情けしらずの行ないを御立腹にな

り、いましめのために、潮の流れにそわぬよう網をひかされている故の不漁である。早く自分の非を悟り、船の穢れを払い浄め、船玉様にお詫びを申せ。そして死者の霊を慰めて取らせよ。』

との御言葉に漁師も驚き、自分があまりにも情け知らずの行ないをしたことに恥じ入り、後悔しておりました。大神様に自分の不心得を深くお詫び致して帰りました。それから一週間致しますと、その漁師が御礼詣りに来て申しますには、

「神様からあんなに言われましたけれど、帰る路すがら、『そんなことで急に魚が取れぬようになるものか。第一、神様の言われるように漁師が潮の流れにさからって網を引く馬鹿もなし、うら(自分)は小さい時から親父について沖に出て、村でもうらの右に出るような達者な漁師は他にはない、何か他に原因があるのだろう。』と思っておりました。しかし言われて見れば死人に会ったことも真実だし、考えれば不漁ということが何よりも確かな証拠だし、今さわらの取れる時期で、この土地の漁師は一年中で今が一番良い時期で外の舟は皆大漁で喜んでいるのに、と思いました。帰ってから家の者達に話して、ともかく言われたようにしてみようと言って致しました。ところが先生様、その日から大漁で、今迄の分を一週間で取りもどしました。今日は御礼詣りに仕事を休んで参りました。」

と言って、大きなさわらをさげて来ました。私もこの純朴な漁師が子供のように声をはずませて話す事を聞いていますと、嬉しくなりました。大神様へお礼を申し、おみたまをお慰めし、漁師にこの後をいましめて帰しました。

お救い頂いた修学旅行事故

またある時、土庄の商業学校の先生で河合先生という方がお詣りになりました。お話を聞きますと、

「学校で毎年先生方が大病にかかり、また生徒がよく傷を致します。何が原因で御座いましょうか、御神占頂きとう御座います。また明後日私が大勢の生徒を連れて修学旅行に伊勢神宮へ参拝し、後東京見物に参ります。どうか生徒達に何事も御座いませんように御祈念下さい。」

と申されました。すると大神様が、

『この学校の便所になっている所は、元、塩釜様が祀ってあった。それを不浄のところになしているので、神のお怒りにふれている。またこの度の修学旅行に行くことは、三日延長せよ。生徒の命にかかわる事がおこる。』

と仰せになりました。先生は翌日生徒を集め、この事をお伝えになり、旅行は延ばすことになりました。その時生徒の一人が、

「先生、僕達は田舎者ですが、ちんばでもめくらでもありませんから傷をするようなことはありません。延ばさないで、早く連れて行って下さい。」

と言いました。先生はその生徒によく言い聞かせ、三日の後に島を発ってまず伊勢神宮へ参拝し、二見ガ浦に行き、生徒にお昼のおべんとうをたべさせていられますと、土地の者が話してくれました。

「三日前、静岡県の中学生が大勢参り、ここでおべんとうをたべておりましたが、山くずれがあって四十人程の生徒が死んだり、大けがをしてひどい惨事でした。あなた方は良い日にお詣りされましたね。」

と言われ、大神様の御言葉が初めてわかり、三日延長しなければ自分達がその惨事に会っているところでした、何という勿体ないことだろうと、一同にこの話をきかせ、はるかに大神様へお礼を申されました。また東京に行ってから、東京駅から丸ビルの方へ渡るとき、生徒の一人が自動車の下敷になりました。おこしてみると、首にわだちの形がついているのに本人は何ともなく、元気に致しています。先生がその生徒の顔を見ますと、出発前

に、私はちんばでもめくらでもないと言った生徒でした。先生は大神様の深い深いお慈悲やお諭しがわかり、その場で生徒に教悔をし、二度も玉光大神様のお助けを頂き事なきを得た事をよろこび、東京から電報を下さいました。電報がくるとまもなく、留守宅の奥様も電報を持ってお詣りになりました。先生から、自分にかわってお社へお詣りするようにとの電報でした。御帰島後伺ったことですが、

「伊勢のことと言い、東京の出来事と言い、只々勿体ないかぎりで御座いました。私（先生）も、初めて尊い体験をさせて頂き、これからの生涯を本当に生きがいを感じてまいれます。」

と喜んでいられました。後にお詣りになられてのお話によりますと、あのことがあってから、生徒の性格がまるでかわり、皆よく勉強するようになりましたと申されました。

水のありか

ある日の夕方庭に出て沖を見ていますと、東洋紡績の空地に高いやぐらが立っているのが目につきました。何気なく見ておりますと、大神様のお言葉が聞こえて来ます。

『代よ、やぐらは水を堀るために立てているが、あの地下は大きな岩石で、いくら掘っても水は出ない。』

とのお言葉が御座います。それならどこを掘れば出ますかとお伺いしますと、

『正門を入ったところに、水の質は悪いが沢山出るところがある。飲水は淵崎の方の山寄りのところに、きれいな清水のわくところが一ヵ所ある。今にこまって尋ねに来る者がある。来たらよく教えてとらせよ。』

との御神言で御座いました。はたして三日目に二人見えて、

「どうしても水が出ないのですが、どこを掘ったらよいでしょうか。」

と、紡績の人を連れて信者の人が尋ねに来ました。そこで三日前大神様から伺いましたことをお伝え致ますしと、大変よろこばれ、早速御神言のところを掘られますと、水はぞくぞく出て来ましたが、お言葉のようにくさ

くてどうしようもありませんでした。浄化してつかうことになりました。幸い飲水はきれいな水が出て来ましたのでよろこばれました。

迷信のお戒め

またある時大木戸の人が参り、

「自分は一週間も前からお腹がいたんでこまります。ある所で占ってもらいました。そこで言われますには、『あんたは狐に放尿をかけたため、その狐が怒ってあなたをいためているから、早く山へあぶらげと赤飯とを持って毎日お詫びに行きなさい』と言われ、今日で一週間お詫びしますが一向に治りません。どうしたらよいでしょうか。」

と申します。すると大神様の仰せられますには、

『そちはその狐に放尿した覚えがあるか、よく考えて見よ。』

するとそんな覚えはありませんと申します。

『そうであろう。そちをこんなにいためる程の通力のある狐が、そちに放尿されるまでその場にじっとしているものか。そちは一週間前池田の方へ行き酒を呑み、喉がかわいたため、田圃の溝の水を呑んだであろう。そのためにおなかを痛めているのだ。早く医者にかかり薬を呑め。自分の不注意をたなにあげ、狐のせいにしているとは愚かなことだ。わざわいは外から来るものではない、皆己から出て己にかえるものと知れ。また因縁のために病気が出て患うとしても、病気となって現われた時には先ず医者にかかり手当てをせよ。医学も科学も世の中のすべてのものは皆、神が時代に応じて現わしているのだ。うやうやしく使えよ。そちのように迷信におちいってはならぬ。妄信すると尊い命を失なうことになるぞよ。この後は正しい信仰に生きよ。』

とじゅんじゅんとお諭しなさいました。このお言葉に、その人もお酒を呑み悪い水を呑んだことを思い出し、大

神様に深くお礼を申し、早速医者に行くと言ってよろこんでかえられました。

『己を知れ』のお諭し

ある時、土庄の人が店のお金を盗られたと言って詣られました。すると大神様が、

『盗られた金は四拾円で、近くに住む女の人が盗っている。またすぐ盗みに来る。この後よく気をつけているように。』

と仰せられますと、その人の申しますには、

「そのとおりで御座います。売り上げを調べてみますと、丁度四拾円程になっています。こんなによくわかる神様ならとるところを教えて下さればよいのに。」

と申しました。すると大神様が、

『それではそちにこれから大切なことを教えてとらせよう。帰って神棚の下に坐って待っておれ。』

と仰せになりました。夕方その人が来て申しますのに、

「あれから今まで坐って待っておりましたが、何事もおこりませんでした。」

と怒った顔で申します。大神様が御降臨あそばされ、

『吾も今までそちの家にいて、大事なことを知らせようと思い、そちの名を呼び続けたが、何の返事もせぬので、仕方なくそちと一緒に帰って来たところだ。よく聞け、人は己を知ることが一番大切なことだ。自分に何の徳も力もないのに、人を責めてはならぬ。また自分に力がないため知ることができぬからといって、人の力をうたぐってはならぬ。そちもこれから正しく素直な心になり、信仰すれば、吾の代人のように神通力を得る事もできる。』

と仰せになり、いろいろとおさとし頂き、恥入って帰って行きました。

『素直に祈れ』のお諭し

ある日、入部の漁師の人が足をひきずってお詣りしました。そして申しますには、

「この神様は、どんなことでも聞いて下さるとの噂で頼みに参りました。私は四、五日前から足を痛めて、魚を売り歩くことができませんので困っています。どうか足と手とかえて下さい。歩けさえすれば少々手の痛いくらいは平気です。」

と申しますと、

『よしよし、手とかえてとらすぞ。』

と仰せになり、足をお加持しておやりになりますと、よろこんで帰りました。見ておりますと、来る時とはまるでちがい、ちんばも引かないで元気に帰って行きました。それから二、三日してその人が、首から手をつるしてお詣り致しました。そして申しますには、

「あれから帰りまして間もなくこの手が痛み出し、何もすることができません。どうか治して下さい。」

と申します。すると大神様が、

『吾に頼むならばもっと素直に頼め。人の身体の中で、どこが悪くてもよいというところはないであろう。これからはもっと素直な心で神を祈れ、そうすれば何事も即坐に叶う。』

と仰せになり、お加持をほどこしになりますと、痛みもとれて帰ってゆきました。

株のお伺い

またある時、或る人が大阪から詣られて、ある銘柄の株を買いたいがよいかどうかと尋ねられ、大神様に御神占頂きますと、

『株式市場は当分休みになる。』

との御神言でした。ところがこれを伝えますと、その人が怒って、

「今一度、拝んでみて下さい。今迄に株式市場が休みになったことは一度もありません。何かまちがいでしょう。」

と申してききませんので、再度お伺い致しますと、

『国家的事変がおこり大混乱がおこるが、その者には只休みとだけ申しておけ。』

との御神言で御座います。やっぱり当分お休みですと申しますと、けしきばんで、

「よくあたるということでわざわざ大阪から来たのに、株式市場が休みだなぞと、何のことだかわからない。」

と言って帰ってゆきました。すると大神様が御降臨あらせられ、

『代よ、この後は決して株の売買なぞ吾にたずねてはならぬ。このような変化のはげしいものは、吾の申した時すぐに致さぬ場合には大変なまちがいがおこり、その者の一生をもあやまたすこともある。』

と仰せになり、伺うことを固くおいましめなさいました。このことはその時から三十年の今日まで守り続けてまいりました。時たってその人がお詣りされ、

「先生、あなたは私の顔を覚えていられますか。過日は大変失礼なことを申して帰りました。あれからまもなく二・二六事件がおこり、御神言通り株式市場は休みになりました。私の思惑がはずれて大変な損を致し、今では家屋敷を売り払い、妻子とも別れ別れに暮らしております。どうか神様にお詫びを致して下さいませ。そしてもう一度御神占を頂きたい。」

と申されます。そこでお気の毒には思いましたが、大神様の御神言をお伝えして帰って頂きました。こうして御神言を奉じ、私情にひかされぬよう心してまいりました。

ある日突然東京の姉から危篤の電報がまいりましたので、清光さんに後のことをたのみ、姉の看護に上京致

し、そのまま東京にとどまり今日におよんでおります。次には戦争中に尊い御神言を頂き、体験致しましたことを書きまして、皆様の御信仰に供したいと思います。　合　掌

歩みつつ想ひは至る今の世に
　事足る己が朝夕の幸を

帰るさをふとたたずめる橋の上
　山より出づる月を見にけり

（昭和三十六年七月、みさきわけ四号）

七、国土安泰の祈り（その一）

姉の死

私は昭和十一年七月十四日に上京致しました。姉の危篤の知らせに上京してみますと、子宮癌を三回も手術致しておりました。幾度も医者から見放された姉で御座いましたが、玉光大神様の御助けにより奇蹟的に助かりました。医者も、これが奇蹟と言うものでしょうと言って驚いていられました。喪服をこしらえた義妹達が笑い話にする程よくなり、家事までできるようになられました。しかし寒い冬がこた

えたものか、四月二十六日に帰らぬ人となりました。姉の死につきまして不思議なことが二度も起こりました。と申しますのは、医者が、

「まことにお気の毒ですがお諦め下さい。」

と言っていろいろ手当てをして帰られました。すると、姉が日頃可愛がっていた犬が姉の足許で悲しそうに鳴いておりましたが、急に血が下がって死んでしまいました。それからしばらく致しまして、姉が急に元気づき間もなく回復致しました。その年の暮にまた急に容体が悪くなり、この度は諦めなければと思って、玉光大神様にお祈り致しておりますと、義兄がある日人から捨ててくれるようにと頼まれました小犬で、見ますと死んだ犬に毛並が似ていて捨てるのはいかにもかわいそうで、家につれ帰り飼っておりましたその犬が、またしても急に出血を致しまして、間もなく死んでしまいました。不思議なことに、どちらの犬も十二月三十一日に死にました。元旦をさけ二日に埋葬してやりましたが、昔から犬は三日飼えば三年の恩を知り、飼主の身替りに死んでゆくと母から聞かされておりました事をまのあたりに見て、これこそ玉光大神様が私へ、

『恩を知れ』

との尊いお諭しと思い、深く悟ることができました。それにしても犬はかわいそうなことを致しました。姉は大神様の御導きと清光さんの手厚い看護によりまして、安らかに死んでゆきました。私も姉の死を汐に帰島致そうと思いますと、

『代よ、帰ることはならぬ。中央にとどまって道をとけ。』

との御神言に、そのままとどまり今日におよんでおります。

東京オリンピック中止のこと

ある時義兄が申しますには、今度のオリンピック（昭和十年の時のことで御座います）に弟と二人で博多人形を仕入れて売り捌き、一儲けをしたいがいかがなものか、神様に伺って貰いたいと申します。大神様に御伺い申しますと、

『此度のオリンピックは取りやめになる。日本はオリンピックどころではない。今に大変な事が起きる。義兄にも義弟にも今の勤めをやめさせてはならぬ。』

との御神言で御座いました。この事を義兄に伝えますと、義兄の申しますには、

「何事が起こるか知らぬが、国が取決めた事柄をそうたやすく変更はせぬだろう。オリンピックは日本だけのことではないからなあ。こんな事を言うのが警察へ知れたら大変なことになる。この事は誰にも言ってはならぬ。」

と私をたしなめ、自分で伺ったことを後悔していられました。その後私を叱ったてまえ、私に内緒にして、弟さんにお勤めをやめて帰って来るようにと手紙を出していられました。その頃御用船に乗っていられた弟さんからの返事に、

「お勤めをやめようと思うとお腹が痛んでどうする事もできません。それでもやめようと心に決めたその日に、機械が足に落ちて大怪我をしたので、暫く下船は見合わす。」

との知らせが御座いました。それから間もなく、オリンピック取止めとの新聞報道が御座いました。信仰心のない義兄もさすがに驚き、自分の不敬を深く詫びていられました。

教会の設立

ある日大神様が、

『代よ、東の方位に移転して教会を設立せよ。』

との御神言が御座いました。早速借家をさがし、明治神宮の裏参道に移転致し、大神様御指名の方々に来て頂き、教会を設立致しました。そして設立の報告祭を致し、その後ささやかな祝宴をひらいておりますと、世話人のお一人柳田朴介氏の前に何か黒いかたまりがあるのに気付き、よく見ますと大きな蟻がひとかたまりになっておりました。大きな蟻に皆が驚いて見ておりますと、一列になって大神様の御社の内へ入ってしまいました。不思議なこともあるものだ、一匹も残らず御扉の内へ消えて行くなぞ!! 数えてみますと十匹おりました。皆が不思議に思い、種々とお話致しておりますうち、大神様が御降臨になり、

『代よ、今の蟻は何匹居たか。』

とお尋ねになりました。清光さんが十四おりましたと申し上げますと、

『蟻が十（有難う）だのう。皆よく聞け。そちたちが神を信じ敬い、有難うの心でおるうちは教会はつぶさぬが、もし有難くなくなったら即座につぶすぞよ。今後この教会が発展すると思うな。吾が世を救う為に天下り、そのしるしに教会を設立しておるのだ。世が平定すれば代を連れて昇天する。代は里へはおかぬ。』

と仰せになりました。一同謹んで御神言を拝し、玉光大神様の御名をおけがし申さぬよう堅く誓い合い、お互いに助け合うことをお約束して解散致しました。皆さんが帰られた後、ふたたび御降臨あらせられ、

『代よ、これからそちの心得るべき事を申し聞かす。そちが吾の法座にいる時は、吾即ち代として心を高く清く持て。正しければ何者が来ても恐れることはない。男に向かえば代も男になれ、老人に向かえば老人になれ。子供に向かえば子供になれ。そして日常は、もっとも平凡な女であるように。そちが謙虚な心を忘れ思い上がった時には、吾は即座に立退き教会はとりつぶす。謹んで精進せよ。代と清光とは車の両輪のようなものじゃ。いずれが欠けても吾の大事な役目は勤まらぬ。互いに心を合わせて世のため人のためにつくせよ。吾を車の心棒

と思い、吾から離れぬように。』

とじゅんじゅんとお諭し頂きました。私はそれから事ある毎にこの日のお諭しを思い出し、どんな困難なことにもたえ、尊くお仕えさせて頂いております。

戦争と世界平和のお祈り

このような大神様の思召のもとに、私達はただ世界平和、国土安泰をお祈りしております中に、五年前の御神言通り、昭和十二年七月七日支那事変が起こり、大東亜戦争へと発展して参りました。その為、極寒の海中に入り幾度となく祈り、木曾のお山の氷を割って水行し、二十一日間それこそ命を捧げて平和への祈りを続けて参りました。昭和十六年十一月三十日午後六時、大神様御降臨あらせられ、

『代よ、日本の平和も世界の平和も今日で終わりとなった。吾も心を砕いたがやむをえぬ。今から明治神宮へ参拝し、この事を報告せよ。そして二十五日間必勝の祈りをせよ。』

との仰せに清光さんと神宮へ詣り、それから二人が毎日水ごりをとり、必死に祈りを捧げました。すると翌月十二月八日天皇陛下の御詔勅が下がり、アメリカと戦争するようになったことを知らされました。御言葉を頂きお祈りを続けておりますと、真珠湾攻撃を聞きました。満願の二十五日には香港陥落の報道がありました。御神言により信者有志も加え、明治神宮へ無言詣りを続けておりますと、四日目の朝の夢に、神宮へ参拝して二ノ鳥居の所まで参りますと、故郷の氏神様の神主の長女の方に出会いました。奇遇を喜んで今日迄の出来事をお話し致しているところで目がさめました。その朝、明治神宮へお参りを致し、二ノ鳥居のところまで参りますと、私に声をかけるお人がありますので見ますと、今朝、夢に見たばかりの人が目の前に立って私を懐しそうに見ていられます。あまりの不思議さに驚きました。そして玉光大神様にお伺い申しますと、

『今吾が国の一大事のため、国を守っている神々を招き、力を添えるよう申し付けている。代達が一心に祈り

を捧げているので、その事を見せてとらせたのだ。』

との御神言を頂きました。この時も、祈ればとどく事の尊い体験を致しました。

日本各地を清める

それからと申しますものは、それこそ夜は夜もすがら、昼は終日、お祈りを致しました。夜に入れば御神言の御座います所へお祈りに行きました。千葉の犬吠崎、横須賀の軍港、横浜の外人町、また鎌倉の八幡様へ、夜々はだし詣りを致しました。その内に大神様が信者の方々に、

『東京にいては命を全うすることができぬようになる。国策にそって早く疎開せよ。代達二人は全国の要所要所を清めてまわれ。』

との御神言が下がりました。教会は信者総代御一家に頼み、モンペ姿にリュックを背負い、まず伊勢神宮へ詣り、国家の安泰・武運長久を祈り、伊勢湾を清め、広島へ行き、呉の軍港をお守り頂きますようにと一心に祈りを捧げました。尾道から四国へ渡り、土佐の桂浜に行き、阪本竜馬の銅像を背に、太平洋の彼方の国しずめに時のたつのも忘れて祈り続けました。宿に着きますと、終日の祈りと旅の疲れで、朝まで一眠りと思って休みましたのに、暫く致しますと、誰か私の上に乗りかかって参り、苦しくてどうにもなりません。何だか人の気配もするようです。薄目を開いて見ますと、若い女の人が喉から血を流し、私を見つめて坐っています。清光さんを起こそうと思いますが、声が出ません。恐ろしさに頭から布団をかぶり、

「玉光大神様、玉光大神様。」

と大声をあげておすがり致しました。すると清光さんが私の声に驚いて目をさまし、どうかなさいましたかと聞かれますので、

「今、女の幽霊が出て来た。気味が悪かったので一生懸命お祈りをしている。」

と申しますと、私も何だか寝苦しいので静かにお祈りしていましたと言われます。二人が起き上がってお祈りを致しますと、今度は、雨戸をしめてカーテンが引いてある部屋ですのに、天井に大きな星が三ッきらきら光り出しました。その内に心もしずまり、いつものようにみ霊の物語をしずかに聞いてあげることができるようになりました。聞くところによりますと、

「私はここの娘ですが、まま親に苦しめられ、この蔵の中に閉じ込められた上、種ヶ島で打ち殺されました。どうか私を助けて下さいませ。」

と言い、さめざめと泣いてたのみます。私も、ここで恐れてばかりいてはお救いにならぬと思い、一生懸命に、大神様が日頃お諭し下さいますことをみ霊に言い聞かせております内に姿が消えていなくなりました。それから暫く般若心経をとなえました。時計を見ますと四時ですので、仕度をして宿の人を起こし、

「お詣りがあるので早立ちします。」

と言って宿を出ました。外へ出て、雨戸の開いていない田舎町を歩いていますと、後から今の人がついてこられるようで、それはいやな気持でした。その内、村の氏神様の前へ出ましたのでほっとしてお詣りを致し、大神様にお祓いをして頂き、さっぱり致しました。今の私でしたら、もう少し霊の言われることを聞いてあげられたのに、あの時は只こわさでお祈りばかり致してすまなかったと思います。朝日もさしそめまして身内に力がみなぎって参り、玉光大神様の御供を申し、京都から舞鶴へ出るべく高松の港まで出て参りました。次の連絡船迄に二時間半ありますので、その頃高松の師範にいる博のところを尋ねてやりたいと思って、清光さんと話し合っておりますと、大神様が

『この一大事の祈りの時、私情にとらわれて心を乱してはならぬ。博に会うことは次の機会にせよ。』

と仰せになり、そのまま京都へ向かってたって行きました。

京都にて

京都の男山八幡宮へ武運長久、国土安泰を祈り、その夜は京都に宿をとりました。玄関に入りますと、宿の女中が私達二人をしげしげと見ていましたが、

「うちは宿賃が七円ですがいいですか。あなた方の泊られるうちは、もう少し西の方へ行くと安い所が沢山ありますよ。」

と申します。私がお金の心配はありませんから泊めて下さいと申しますと、しぶしぶ案内してくれました。部屋に入って姿見をのぞきますと、なるほど女中さんが安宿を教えてくれるのも無理からぬと思い、清光さんと顔見合わせて笑いました。白衣は汽車の油煙で黒くなり、長旅の疲れと昨夜の出来事で心身ともに疲れ、目は落ちくぼみ、この後幾日続く旅か、また知らぬ土地をたずねながら祈り歩く私達二人の疲れた姿が、宿の女中さんにあわれに見えたのでしょう。翌朝は疲れもとれ、張切って舞鶴へたって参り、丁度、軍港の見える所に村の氏神様が御座いましたので、そこへお詣り致して終日お祈り致しました。祈りをすませて、夜汽車で新潟へたちました。食糧不足の折ですのに、舞鶴駅前の市場にお寿司を売っておりますので、沢山買って大よろこびし、水筒にも十分お茶をつめて乗り込みますと、これはまた思いもかけず乗客もまばらな列車、のびのびしてものめずらしく、着く駅毎に窓から首を出して見ておりますうち、いつのまにか寝込んでしまいました。目がさめてみますと、私達二人の持ち物はなんにもなくなっております。幸いお金は身体につけておりましたので助かりました。折角おいしいお寿司を沢山買って持ちましたのに残念でした。雪の新潟駅におりたちました時には寒さと空腹で凍える思いを致しました。やっと土地の氏神様を尋ねあてて、その宮で空腹も疲れも忘れ、一心にお祈り致し、夜に入って宿をとり、女中さんがお膳部を持って来たのを見ますと、お肉やお魚が一杯盛ってありますし、三升

取りのおはちに白米をいっぱい入れて持って来て、

「お客さん、自由についで食べて下さい。」

と申しておいて行きました。すると大神様が御降臨になり、

『さぁゆっくりと、十分に食べよ。明日は遅だちにしてとらす。十分疲れを休めておけ。ここから東京にひき返すことに取り決めた。』

との御言葉が御座いましたので、私達も安心致しまして、その夜は朝までぐっすりと休みました。帰りに千葉の犬吠崎へ立ち寄りまして、雪の降る海中にみそぎを致し、無事に大役をはたさせて頂きましたことの御礼を申し上げて帰りました。御神言によって、小豆島の本宮へ帰ります迄は、日切りをして戦争のお祈りに入りますと、遠いところをはるばるお詣り下さいましても、お祈りをして差し上げられず、気の毒な思いを致しました。

焼けた御神前のお幕

私がお助けを頂いて間もない時、こんな事が御座いました。是非お祈りに来て下さいとたのまれましたので、大神様にお伺い申しますと、

『その家は未だ時が至っておらぬから、代が行っても救いにならぬから行く事はならぬ。』

と仰せになりますので、先方へ再三お断り致しました。すると今度はのっぴきならぬよう、自動車をもち、迎えにみえました。私もこの上お断りするのも気まずく、やむをえず参りました。病人にお加持をして帰って参りますと、いきなり母が
「無事でよかった、よかった。」

と申します。母の言葉に御神前へお詣りしてみますと、御神前のお幕が大きく焼けております。そばにお提灯の焼けたのがおいてあります。どうしたことかと母に尋ねますと、私が出ました後、母が何気なく御神前の間をの

ぞきますと、お幕にぱっと火がついて煙を出し、大あわてに消し、ほっとして御門の方を見ますと、火もともしてないお提灯が燃え出しました。驚いて消しはしたが、あまり不思議な出来事に何だか恐ろしく、胸さわぎが致し、お前の身の上を案じていたところだと申します。私も不思議な出来事に心を打たれ、お伺い致すことも忘れておりますと、大神様が、

『代よ、吾は今日宮にいた。そのしるしを見せてやったのだ。吾の行ってならぬと言う所へは行くな。私情に負けて道をあやまってはならぬ。そちがいかに祈るとも、時の至らぬ者は救うことはできぬ。道をあやまれば罪を深めさすだけで、何の救いにもならぬ。あの病人は三日の後には死ぬのだ。以後、吾の神言を守り謹んで行動せよ。』

とお叱り頂きました。母からも、御神言をおろそかにするとはもっての外、今後はそのような思い上がった事をしてはならぬと、こんこんと諭されました。このようなきびしい体験を致しておりますので、戦争中北海道や満洲からわざわざお詣りになりました方々の御神占を致しませんでしたことを、今思い出しても苦しゅう御座います。大きな祈りのことが水の泡になっては大神様に申し訳なく、またひとつには命を捧げてお国の為にお尽くし下さいます方々のお為にもならぬと思い、御神意の分からぬ信者の非難もあまんじて受けて参りました。

桂浜にて

私達二人がこうして国内の要所をお清めして廻っておりますことは、総代さんやお世話人しか御存じ御座いません。まして行く先々の人が、私達をどこの誰かを知るよしもないと思いますのに、こんな事が御座いました。今から四〜五年前、皆様も御存じの黒岩里子様とお親しくお話致しますうちに、話が戦争中に及び、種々困難に会ったことを話合いました。そのうちに黒岩様のお里が四国ということがわかり、

「私達も戦争中桂浜へ行き、泊った宿屋へ幽霊が出て一夜中なやまされましたよ。」

と申しますと、黒岩様の申されますには、

「あのあたりの家に幽霊の出ることは有名ですよ。それでは私の叔母が話していた方はあなた方で御座いますか。実は、私の叔母が申しますに、終戦まじかのことでしたが、いよいよ敵が桂浜へ上陸するという噂で、村の者は皆山の奥へ逃げ込みました。叔母だけはどうしても逃げません。そして、『私はぜったいにここへは敵は上陸せんと思う。』と言いはります。『そのわけは、東京からえらい神様のお供をして、若い女の方がお二人来られて、終日拝んで下さった。その時の様子で、もうここは心配ないと思ったから、決して山へは行かぬ。』と言って行きませんでした。とうとう終戦まで一度も山へ逃げたりは致しませんでした。」

このお話を伺っているうちに、私達が桂浜で一心にお祈りしているそばで、お歳を取られた人が幼い子供のお守りをしながら私達を見ていられましたが、私達がお弁当を食べようと浜へ出て行きますと、後からついて来て、

「御苦労様ですね。あなた方はどちらから参られましたか。」

と尋ねられるので、

「東京から来ました。ここから敵が上陸するおそれがありますので、尊い神様のお言葉によりお祈りに参りました。」

と御神言をお聞かせした人がありました事を思い出しました。あんな片田舎で、しかも誰もいないところで御祈り致したことを、東京の真中で、しかも親しい信者の方が知っておられたことを知り、何とも言いようのない感に打たれました。あんな片田舎の御老人が、私達のお祈りしたことをそんなにも尊くお受け下さって、神様を信

じ一切をおまかせ下さった事を心から有難く思います。道にたずさわるものは、己れの身をもって行なう事こそ神へ通ずる近道だと思いました。百の説法より一の実行ということを深く知る事ができました。皆様も玉光大神様のお諭しを一つ一つ実行にうつし、心身共にお救われになって下さいませ。心から皆様のご幸福をお祈りしております。玉光大神守り給え幸え給え。　合掌

必勝を祈念して

神宮へ無言詣りの誓願たてて
　今日二十日目の玉砂利を踏む

みめぐみの程を思へば民我の
　百度詣りの何に足るべき

水行おへて心静けき祈りなり
　あかねさしくる暁空に

有明の月光けぶる森の中
　地よりわきて朝霧流る

森かげを一度にとびし鴨の群
　朝霧こむる中に消え行く

飛びたてる鴨の一むれ有明の
　月光負ひて空に消え行く

御神言にて祈り続けつ二十五日
　満願の今日香港は陥つ

鶴岡八幡宮に今日を来て
　寒夜をこめて祈るみ戦

（昭和三十六年十月、みさきわけ五号）

八、国土安泰の祈り（その二）

前に申しましたように御神言を頂き、清光さんと二人で全国の要所々々をお清めして廻りました。また信者有志と小豆島の本宮へお詣りし、島の八十八ヵ所をも巡拝して武運長久を祈りました。

木曾の寒行

その内に戦争がはげしくなり、本土空襲をうけ、明治神宮や東郷神社が爆撃されるに至りました。神宮参道前にいました私達も、その時、隣家に大型爆弾が落ち危く命を落とすところでしたが、幸い不発弾でしたので命は助かりました。私は爆風の為に庭にころび落ち、そのため足がはれ、立つこともできなくなりました。一週間程してやっと立てるようになりまして、清光さんの肩にすがり、長野県の木曾のお山へお行に参り、二十一日間雪のお山に登り、国土安泰を祈り続けました。満願の朝、大神様御降臨あらせられ、

『代よ、日本の誇りも地に落ちた。なれども三種の神器は守り通す。中津国をも守り通そうぞ。』

との御神言に、氷る滝のほとりにひざまづき祈りを捧げておりました私は、思わず目を開い見てますと、あたり一面に紫雲がたなびき、雲の中に黄金の御舟が見えます。目をこらして見ていますと、だんだん中空へ消えて行きました。勿体なさに雪の上にひれふしてしまいました。その時、頭上から御声があって、

『代よ、今の舟を見たか。あのように地神は天に昇り、天神は地に降る。このさかさまごとを吾はいかにして正さむ。』

と、おなげきで御座いました。

御神言を守るむつかしさ

『代よ、そち達二人はまだまだ大切な使命のある者ぞ。今都へ帰れば命をさらし、定命を全うする事ができぬ。このまま本宮へ帰り時を待て。』

との御言葉で、そのまま小豆島へ帰りました。着のみ着のままの私達は、戦災にあわれた方々と同じようにそれこそ不自由を致しました。空襲を受けます二ヵ月前、

『そち達は先々のために早く本宮へ帰れ。前の柳田毅三の家は焼けぬ故、荷物は柳田に預けて一日も早く帰れ。柳田一家も本宮へ連れて行け。今なお東京にいる信者一同にも、国策にそって早く疎開せよと申せ。』

との御神言を柳田氏始め一同に申しますと、

「あんな瀬戸内の小島へ行ってもし交通を遮断されたらすぐ食糧に困り餓死してしまう。私達は行きません。それに今お代様に行かれては心細くてどうする事もできません。是非東京に留まって欲しい。」

と申されます。皆様のこの御言葉を聞きましていかにも御尤もと思い、大神様の御言葉にそむく事をお詫び申し上げ、皆様と生死を共にすることに致しました。そのうちに申し上げましたように空襲のため御神言により木曾へお行に行き、やむなく本宮へ帰るようになりました。その後空襲がはげしくなり、東京にもいられなくなられ、柳田氏一家は岡山県の津山へ疎開なさいました。ところが間もなく御主人の方がころんで背中を打たれ、岡山医大でギブスをはめられるようになられ、奥様は混雑の汽車からつき落とされて肩の骨をおられ、大ケガをなさいました。この事を知りました時には、本当に申し訳ない事をしたと思いました。あの時、情に負けて御神言にそむいた為、信者をこんな不幸な目にお会わせしてしまいましたが、私が無理にもお連れしていたら、こんな事にはならなかった、すまないことをしたと思い、大神様へ一心にお詫びを致しました。するとある日、ひょ

っこり柳田氏が島へおいでになり、

「今日は大神様へお詫びに参りました。」

と申され、

「実は津山は寒くて親子三人が困っています。どうかお社へおいて下さい。」

と申されますので、大神様の御許しを頂き、快くお迎え致し、一年程下の社務所にいて頂きました。ここでも思います事は、御神言を守る事の難しいこと、因縁を超えて自分の本務を全うするという事は容易な事ではないことを知りました。文章にすればわずか一頁か半頁のこの事を、人は一生かかってもできないので御座います。それを神様は広大な御慈悲によって私達に全うさせて下さろうとあそばしますのに、御神言をほごに致し、勿体ない限りで御座います。

神様とラッキョウと親

ある時も信者の方々が控の間に集まり、政治のありかたや神様の存在にまで話が及び、種々と話し合っていられました。すると大神様が御降臨になり、

『皆に聞くが、そち達は親の誕生日、既に親の死んでいる者は親の命日を知っているか。』

とお尋ねになりました。信者のうちにお一人だけ親御様の誕生日を知っていられ、お答えになりますと、大神様が清光さんに、台所から「ラッキョウ」を持って来るようにと仰せになり、お目にかけますと、皆にお示しあそばされ、

『神とはラッキョウのようなものじゃ。』

と一枚一枚おむかしになり、

『手許に何か残ったか。そち達のような浅い智恵で神を知ろうとして、ラッキョウの皮をむいてラッキョウを

求めるような愚かなまねをしていると、何年たっても神を知る事はできぬぞ。手許にラッキョウの皮が残らぬからラッキョウはないと思うであろうが、無くなったのではない。今むいて捨てた皮の一枚一枚がラッキョウじゃ。神が解らなければ帰って親を拝め。親こそそち達の神だ。何の所得も願わず、只愛のみで今日迄そち達を育ててきている。そち達はその親を喜ばせた事があるか。このような、人としてあたり前の事さえできぬ者が、他人を喜ばせたり、助けたりできるものか。世の中に厳然として動かぬものは、神があり、自分に親があるということだ。如何に世が乱れ、移り変ろうともこの理の変わることは無い。皆がこの道理を忘れるから、こんないまわしい戦争が起こるのだ。よくよく心して孝養を尽くせ。そして人としての本務を尽くせよ。』とじゅんじゅんとお諭し下さいました。皆さんの帰られた後、大神様が再び御降臨になられ、

『代よ、神はあるぞよ。子供に親があるように、厳として動かせない真実のことだ。代はラッキョウの皮をむいてラッキョウを求めるような愚かなことはせぬよう、只見えたままあるままを信じて祈れ。その真心に神は感応し、神の啓示があるのぞよ。心に無いものはどこを探しても出てはこぬ。』

とお諭し下さいました。私も父の誕生日を知らずにおりましたので、深くお詫び致しました。

九軍神の慰霊

昭和十七年三月の彼岸に、不慮の死をとげられた人々の慰霊祭を致しておりますと、大神様が御降臨になり、

『真珠湾攻撃で戦死した九軍神のみたまを慰めるために、玉川で流灌頂するように。ただし、人形(ハタシロ)は十人作れ、供物も十人分致すように。』

との御言葉で御座いました。早速供物をととのえ、白いバラの花を持って、居合わせた信者の方々と一緒に玉川遊園へ参りました。川岸には沢山ボートがつないで御座いました。ボートの乗場からお三宝へお乗せした御霊代

を静かに川へお流し致しまして、お供物やお花を次々に流し、お供え致しました。こうして九軍神、いいえ十人のみ霊の功をたたえ、御冥福をお祈り致しました。一同稍暫くお祈りを捧げ、おりて帰ろうと思い、ふと川の中を見ますと、み霊をお乗せした三宝だけが川の真中に、しかもお祈りを致しております真正面にとどまっております。川の水は流れておりますのに、どうした事で御座いましょう。花や供物は流れたものか、影も形も御座いません。この時、一同何ともたとえようのない壮厳さに打たれました。土手に上り暫く拝んでおりますうちに、三宝が静かに、なごりをおしむかのように流れ出しました。大神様お下がりになり、

『皆も不思議を見たか。皆が一心に人のために祈りを捧げているので、大川の流れを止めて供養を受けさせたのだ。み霊も皆の真心からの供養を喜んで受けていた。九軍神が十人であったことは後に解る。』

と仰せになってお上がりになりました。長い時間玉川の流れをおとめ下さいましたこと、同時にたむけた花や供物は流れて行ったこの奇蹟を、偉大な御神力を、そして広大な御慈悲の程を知り、一同感泣致しました。

終戦後真珠湾攻撃に参加された方は十人であったこと、第一捕虜で一人捕われていられた事を、その時一緒に行かれた信者からお知らせて頂き、今更ながら大神様の尊さ勿体なさを身にしみて解らせて頂いたので御座いました。　合　掌

雪凍る巌根坂道登り来て
目交《まなかひ》に拝む不動明王

滝を背に利剣を持ちて立ち給ふ
不動明王の肩に積む雪

大前に合す諸手の凍りたり
何惜しまむや命をすらも

滝壺に凍るつららの重りて
十八間の滝をうづめり

命さえ召さるも悔いぬと思ひ居つ
滝の冷さに心ひるむか

ふもとより提灯の灯登り来るは
迎へにと来し宿の使ひか

後より呼ぶ友の声こだまして
淋しさましぬ暮れせまる山

（昭和三十六年十月、みさきわけ六号）

九、因縁と神の御慈悲

或る父娘

我が身の不身持から

二十三年前（昭和十四年）の今頃のある日のことでございます。気の狂ったお嬢さんを連れて参拝された父親が、涙の内に、

「自分の不身持のため、妻は気が狂い、井戸に身を投げて死に、今また娘が離婚されて気が狂いました。私も今では何とも仕方なく、只日夜神様に自分の罪をお詫び致しております。神様、どうか私をお許し下さって、何の罪もない娘の病気をおなおし下さいませ。そして夫の許へ帰れますように。」

と申され、心から懺悔をなさいました。お父様がこのように泣いておられる傍で、お嬢さんはうつろな顔をしてお父様を見ておられましたが、その内笑いながら何かぶつぶつ言われるのを聞きますと、別れた御主人の名前を呼んでおられます。お父様の懺悔を聞き、お嬢さんのあわれな姿に、私も今更ながら因縁の恐ろしさを深く知りました。二十三年後の今日、あの日のあわれな親娘の方を思い出し、今は故人になられた方の罪障消滅を心静かにお祈り致しました。

うつろなる心にも尚別れ来し
夫の名のみを口ずさみ居り

狂ひ居て忘れかねしか今もなほ
別れし夫《つま》の名のみ言ひ居り

別れ来し夫の名のみ口ずさむ
戻されてかく狂ひしものを

狂ひたる娘のさまを見守りて
父親は語る亡き妻のこと

不憫なと思へどかくも狂ひては
すべなく思ふと父親は語る

にんまりと笑ふと見れば泣きくるふ
娘のさまを父は見守る

罪あらば罪あるままをそのままに
　神にまかせてゆけやみもとへ

朝の祈り

誰かきて祈るや暁を拍手の
　聞えくるなり今日五日目を

朝を来てひそかに祈る人のあり
　吾も祈りぬ彼の願ひを

（昭和三十七年四月、みさきわけ八号）

山崎朝雲先生のこと

作りかけの釈迦像

今から十五年前（昭和二十三年十月）の事で御座いますが、彫刻家の山崎朝雲先生の奥様が渡部家に嫁いでおいでの隆子さまと御二人でお詣りになりました。山崎様が御子息様の御縁のことで種々と御心配なさいまして、どうしたら良いかとお尋ねになっておいでの時、急にお釈迦様がおさがりになり、『山崎の妻女、立ち帰って主人に申せ、吾を作りかけしまま幾年となく捨て置いているが早く完成して吾を世

に出せよ、さもなくば汝等の願い事はかなわぬと思え。』

とおおせられました。このお言葉にお二人も驚かれ、

「実は戦争前に主人が芝の青松寺の前住職から依頼されました御仏像が御三体御座います。なかば出来上がっておりますが、戦争がはげしくなりましたのと、資金が続かなくなりましたので中止致し、アトリエに入れたまで御座います。主人も常々早く完成して世にのこしておきたいと申しております。段々に歳もとり資金の方も思うにまかせませんが、帰宅致しこの事を主人に伝え、何とか致しましょう。」

と言ってお帰りになりました。数日の後お詣りになり、

「主人にその由を伝えましたところ、今日では参百万円以上の資金がかかるので、今は何とも致し方がない。まことに申し訳ないがお詫びを致して来るように。」

との事で御座います。このお話を伺っておりますうち、お釈迦様が再びお下がりになり、

『山崎が作る意志さえあれば資金は吾がさずけとらす。早速仕事にかかるようにせよ。』

とおおせられました。その後玉光大神様がお下がりになり、種々お諭しの上、心がまえなどお聞かせになられました。山崎様も安心して、準備を致しましょうと言ってお帰りになりました。それから日ならずして詣られてのお話に、

「あれから間もないことで御座いますが、NHK放送局の人が参り（その頃放送局で、名士の朝の訪問という番組がありました）、主人に作品のことなど尋ね、今、先生は何か御製作ですか、と尋ねられました時、実は青松寺の前住職から依頼された御仏像三体が、アトリエに中止したままになっています。永年心にかかっておりますが、依頼を受けた住職はなくなられましたし、資金の関係もあって今はできぬが、青松寺が焼ける前の御仏体

も自分が製作したので、この度も是非自分が作っておさめたいと思う、しかし今は何とも致し方がない、とアナウンサーに話しておりました。ところがその翌日、青松寺の現住職が小僧さんを連れて尋ねてみえられ、実は昨日の朝、何げなく小僧にラジオのスイッチを入れさせますと、青松寺が焼けたとか、現住職は何も知らぬらしいとか、しきりに寺の話が出るので聞くともなく聞いておりますと、お寺にとって大変大事な事柄ということがわかり、早速お尋ね致しました。お話の御仏像の御三体を是非御完成して頂き、青松寺へおさめて頂きとう御座います。資金の方は私の方で壇家に話し、何とでも致しますと言って帰られました。後で主人と顔を見合わせ、思わず合掌致しました。何と言うあらたかな事でしょう。神様にお詣りしてまだ日も浅いのに、こんなに早く資金の心配もなく仕事にかかれます。今日は弟子達にも知らせ、仕事に取りかかるよう申し付けました。」

と言ってお詣りになりました。その後、資金のことで御苦労も致されましたが、御奉納のつもりで一生懸命になさいまして、兎も角立派に出来上がり、二十六年十月、上野の博物館で第七回美術院展覧会が御座いました時出品され、皆様にも公開されました。信者の中にもご覧になった方がおありと存じます。私も山崎様から御完成の御写真を頂き、一度参拝致したいと思っておりましたが、病中で外出もできず、今日に至りました。この原稿を書き出しましてからも、一度お詣り致したいと思っておりましたところ、先日（四月二十七日）小森様の工場へ地鎮祭に参り、中食をと申され、お連れ頂きましたところが青松寺で御座います。御門前の寺標を拝見し、思わず、

「これは芝の青松寺で御座いますか。」

とお尋ね致しましたところ、

「そうです。」

とのお言葉で御座いました。何という尊いお引き合わせで御座いましょう。念願致しておりました青松寺へお詣りができたので御座います。時間の都合もあって先に食事をと申され、お席に参りましたが、その時小森様御夫婦に青松寺のお釈迦様のことをお話致しました。小森様も今日のお引き合わせをお喜び下さいまして、私どものお勤めなかばでは御座いましたが、お詣りさせて頂きました。小森様有難う御座いました。改めて御礼申し上げます。

釈迦像開眼のお恵み

お話が余談になりましたが、ある日、朝雲先生のお目が急にお悪くなられ、渡部様が心配してお詣りになりました。すると御釈迦様がお下がりになり、

『吾をいつ迄博物館へ出しておくのか。早く青松寺へ納め開眼をせよ。そうすれば父の目もよくなり、今に目出度いことがおこる。早々に運べ。』

とのお言葉で御座いました。私達も一生懸命御全快をお祈り致しておりますと、間もなくお目もよくなられ、二十七年、文化功労者として表彰されることになられました。山崎様も、玉光大神様の御恩徳によるものと大変およろこびで御座いました。芸術家としてこの上の名誉はなく、八十歳をこす主人の最期を立派にかざることができましたと、それはそれはおよろこびでした。ところがある日、奥様が心配そうな御様子でお詣りになり、

「実は勲章を授与されると発表のあった方々には既に下りましたのに、主人一人だけおりてまいりませんが、どうしたことで御座いましょう、心配でなりませんのでお伺いに参りました。」

と申されます。とすると、玉光大神様が御降臨になり、

『山崎にも既に下りている。途中で御下賜金を着服している者がいる。よく調べてみるように。』

との御神言に、驚いてお帰りになりました。それから種々お調べになりましたところ、御神言のように勲章も御

下賜金もおりていましたのですが、それをある方が着服し、皆つかっていられたことがわかりました。九十歳にお手のとどく朝雲先生の御心痛をお察し致し、私達も心が痛みました。その後朝雲先生から、御神言にしたがい御仏像を青松寺へお納めし、御開眼のお式も無事にすませましたと申されて、後に掲載しました写真を送って下さいました。私達も朝雲先生の御健康と御完成を日夜お祈りしておりましたので、御写真を拝見し心からお喜び申し上げ、二十一日間御礼のお祈りを申し上げました。

上野博物館から青松寺へ御安置なさいまして間もなく、御神言通り勲章が授与されました。先生は八十八歳の昭和二十九年六月四日永眠なされ、この大作が先生の御絶作となりました。併し、三体の御仏像は世に永く伝えられることになり、地下の朝雲先生御夫婦もどんなにかお喜びで御座いましょう。苦しみ多き世の人々の心のよ

釈迦三尊（山崎朝雲作）

同仏像と山崎朝雲先生

り所として、このような尊い御仏像をおのこし下さいました山崎朝雲先生の御徳をたたえ心から御冥福をお祈り致します。

私がこの原稿を書きますために、山崎様方が初めてお詣りになった年月を渡部様へ手紙でおたずね致しましたところ、当時のことをくわしくお知らせ下さいましたので、お手紙をそのまま掲載して皆様に読んでいただくことに致しました。

渡辺隆子様のお手紙

昭和二十三年十月に私は初めて小林夫人につれられて玉光大神様にお伺いしました。その時渡部の亡き母のみ霊が下がり色々お話でき、びっくりいたしまして帰り、家族の皆にその話をきかせた事でした。山崎の父にも話しました所、母に是非ともつれて行ってほしいとたのまれ、その頃山崎の家は最悪の年で、両親がどうしてこんなに世の中に珍しいほどの苦を背負うのかと申しますので、気の毒で気の毒でたまりませんでした。

たしかその年の十一月（?）でしたか、母をつれてお詣りしました時に、アトリエに作りかけのお釈迦様のみ霊が出られ、父にこれを製作仕上げせよ、『お前でなくては之はできぬ』と不思議な御言葉がありました。その当時、戦前から芝青松寺の御本尊が製作途中で布につつまれてアトリエの1/4位を坐禅の御姿でおかれしまま、父母は福島県須賀川に避難していました。

その当時でも之を仕上げるのに三百万以上はどんなにしてもかかる事と、何しろ戦後人手不足の時、また金もなし、父も年が八十歳以上でした。門下生の人たちもあちこちに戦争のために別れ別れになっていましたし、大変な時代でした。その事をお代様に申し上げましたら、『必ずできる』とのお言葉、半信半疑でいました。所がＮＨＫからの依頼で是非朝の訪問の時間に放送をとのことで、その日はクリスマスの翌日、十二月二十六日の朝

七時四十五分だったと存じます。父が大変健康なのはどうしてかとか、色々の話の後に、先生が今御製作なさりかけのものがありますか、との問に、実は十一年以上かかっていよいよ仕上げという時に戦争のためにアトリエに封じ込んであるお釈迦様と観音像と文珠菩薩とがありまして、これが出来上がることを望んでいるが今の世の中ではとてもむつかしい、納めるお寺の方も代が変わっていられてめちゃくちゃですから残念ですと話をしました。

以前十年かかって、戦争前父が五十歳早々のころに、やはりこの三体のものを青松寺に納めました。それを火事で焼いてしまい、後是非同じものをとのたのみがあったのでした。父が六十一歳の時焼けて、その日は節分の夜、東京中それこそ大雪も大雪、交通はすっかり絶え人々は大変な難儀をいたしました。この夜、坊さんが鉄筋コンクリートのお堂の中で節分の法要をした後、ローソクの火の消し方が悪く蠟箱から火事を出し、あの折色々な国宝がすっかり焼けました。それが父の六十一歳の時で、父があの大作は自分の最も心入りのものだったので、焼けた事を知りそれはそれはなげいて涙しておりました。

その時、金子堅太郎氏から使者が手紙を持って来て、焼けた事で父がどんなに力をおとし、なげいているだろうとなぐさめて下さいました。「お前は六十一歳でまだまだ若いぞ、私は八十三歳にもなる。」と大変御はげましで、「もう一度同じものを製作せよ。」との御言葉でした。この手紙によって父は、六十一歳を十六歳と思って大いに頑張りたいと私たちに申しきかせていました。そして再び製作をするのに一生懸命でした。

さてそのＮＨＫの訪問の時間の放送を、いつも聞いた事もない青松寺の御住職が、小坊さんにラジオをつけさせたら、丁度芝青松寺の本尊云々の事を耳にしました。もう父は故人になっている事と思った由でしたのに、この話を聞き、冬の寒い時に山崎迄汗をふきふき小坊さんをお供につれてかけつけられ、初めてこの事をくわしく

聞き、早速檀家によびかけ寄附金をつのられましたが、戦後の事とてなかなか金が集まらず、父もそれなら自分が寄附のつもりで生命を打ち込んで完成させようと決心しました。遂に昭和二十六年九月完成、その時私が玉光様にお詣りいたし、色々御神言を頂いて、その事を家に帰らず駒込の山崎の家に父に告げに参りました時、お弟子さんたちと父とで今この台も出来上がり、たった今、お釈迦様をここに上げてお座らせしたばかり、一番先にお前が来て拝んでくれるとは実に不思議な事、お弟子様方も、お嬢さんが一番に見て下さったと大よろこびの所に母と弟が病院から帰って来ました。それからの色々の問題は今でも忘れません。……(中略)……

その年昭和二十六年十月の第七回日本美術院展覧会の彫刻室に、一番の大作として皆様に公開いたし、皆々合掌して下さいました(高さ八尺余のもの)。それから日展がすみますと京都には出品せず、御神言の通り真すぐに芝の青松寺にこの御三体の像は運ばれ納められ、お寺でも大変なおよろこびで、大々的に儀式をして下さいました。その当時神田伯山がその事を色々ほめたたえて下さいました。

その翌年二十七年に文化功労者として国家から年金を頂く事になりました。父は一番最後の作、今京都高台寺にある大きな観音様の原型をつくり上げるとすぐ八十八歳で昭和二十九年六月四日死去、その遺骨の一部をこの青松寺御本尊の中に納めてあります。

京都高台寺の霊山観音は父の亡き後門下生一同でその意をつぎまして完成したものです。

父は非常に信仰心の深い人で、何しろ生涯に於て人の拝むもの何体かを神社仏閣に納めています。常に斎戒沐浴して製作するのです。かかるものを製作する事ですから、それはそれは禅にこった人で、自分の戒名も〝羯摩洞朝雲浄哲居士〟とつけていました(画号は〝羯摩洞朝雲〟としていました)。大変立派な門人大勢に見まもられて世を去りました。葬儀も山崎の寺駒込の養源寺に於て、あの御老師から〝カツ〟を入れてもらいたいと生前

より申していまして養源寺でいたし、又青松寺でも是非お葬式はこちらでして下さいと申されまして、二度も葬式されました。

誠に〃けっぱく〃な人として私は父をいつ迄も尊敬いたしています。

いつも製作にかかる前には井戸水で口も体も清め、神棚におあかしを上げ一心に拝み、夏の暑い最中からとりかかりますので、そのころは女子供を皆海岸にやってしまい、禅寺のようにして男だけの生活で製作にとりかかります人でした。

取りいそぎ昔をたどりたどりこれ迄大いそぎで一寸の時間にしたためておりますので、大変乱筆乱文のほど御判読下さいませ。色々申し上げ度き事山々でございますが、いずれ時を得てゆっくり御目もじいたします折々と存じております。

只今は病気持つ主人のために私を捧げています。

御代様初め皆様の御健康をお祈りします。

先ずは走りがきにて右迄申し上げます。

昭和三十八年三月十四日

渡部隆子

玉光神社内

本山絹江様

寒山像のこと

私が某信者から頂いておりました鉄斎の作品という支那の寒山和尚の木像が御座いました。ある日寒山和尚の人指し指が取れたと、お手伝いの人が申します。そこでこれはわけあって人様から頂いた大切な品だから、気を付けるようにと申し聞かせておきました。その翌日、寒山を下さった方の長女の方がお詣りになり、

指先の傷の不思議

「実は昨日人指し指にこのような傷を致しました。弟嫁も同じ指を傷つけました。場所はちがいますが、同じ頃同じ指を傷つけましたのであまり不思議に思い、伺いに参りました。」

とのお話に、

「私の方でも昨日、寒山の人指し指が取れました。」

と話しますと、驚いていられました。それにしても傷つけた私の方へは何のお知らせもおとがめもなく、不思議なこともあるものだと思いながらお祈り致しておりますと、縊死した人の御霊が出られ、

「私はあの寒山の元の持主です。大金を出して寒山を買いもとめ大切に致しておりますうち、商売に失敗致し寒山を五百円（現在では三、四十万円）のお金の代わりに置き、いつか取り返したいと思っておりましたが、商売の方が思うようになりませず、あせればあせる程悪くなり、世の中がいやになってとうとう首を吊って死にました。でも寒山のことだけはどうしてもあきらめられませんので、寒山を取りもどしにここに来ておりました。どうか私にこの寒山をかえして下さい。わが手に返る迄はどんなたたりもします。」

と言って、私と某氏にくってかかるのでした。某氏の話によりますと、

「この頃、弟夫婦が仲が悪く、嫁は弟をきらって外の男性と一緒になり、外出が多く、その為弟も苦しんでおります。子供が二人ありますので、思い切って離婚もできず、どうしたら宜しいでしょう。これも皆寒山にまつわる因縁でしょうか。」

と申されますので、私も幾年か前に大神様からその方の御母様に、寒山についての御言葉のあったことを思い出し、お話し致しました。

「あなたの御縁が不縁になったり妹さん方の御縁がまとまらぬのは、前に、『家に寒山の木像があるためだ、早く元の持主へかえせ』との御神言がありましたが、そのためだと存じます。その時はすでに元の持主は縊死していられましたので、遺族の方にでもおかえしなさいましたらとお勧め致しましたが、お母様がその気になられませんでした。その後あなたも御承知のように、家庭的にも物質的にも種々御不幸なことが御座いましたでしょう。その都度寒山のことを申し上げ、お祈り致しましたが聞いて頂けませんでした。ある日お母様が寒山を持って詣られ、『あれから種々考えましたが、この寒山は御社へおいて頂くのが一番良い事と思いますので持って参りました。是非お納め下さいませ』と言っておいて行かれました。私達も何だかきみわるく存じましたが、再三の頼みに大神様へお伺い致しましたところ、『因縁をとくため本人の気のすむように致してやれ』とのことでしたので、床の間へおいておきましたところが、今日のようなことがおこりました。」

と、寒山を私どもで頂いたいきさつを、くわしくお話致しました。早速大神様の御神示を伺い、ねんごろにお供養致すべく準備致し、まず、先に指をおなおし致そうと思い、山崎朝雲先生に御願いして渡部様にその寒山を先生の許までお持ち頂きました。ところがその途中渡部様は溝に落ちられて、お手や足におけがをなさり、大変御

迷惑をおかけ致しましたが、これも寒山のたたりだったわけで御座いました。こうした事情を聞かれた朝雲先生は、わずか指一本の修復に、水垢離を取られ、一週間の日数をかけて、立派におなおし頂きました。そのうえ先生は、これは鉄斎の自作だという御鑑定書も書いて下さいました。その後は何事もなく過ぎました。某氏も寄る年波でおなくなりなさいました。

むくいの恐ろしさ

ところが間もなく長女の方が、人をよこして寒山をかえして頂きたいと言ってみえました。使の方に、よくお祀りなさいますようにお伝え頂きたいと申しておわたししました。その後寒山の事は忘れるともなく忘れて、いつか三年の年月がたっておりました。ある日、寒山をお取り上げになったその方が、お嬢さんを連れて、それこそ、尾羽うち枯らしたとはこの方様のことを申すのかと思うような、それは見る目もお気の毒な御様子で御詣りになりました。私も初めお目にかかった時は、人違いかと思ったくらいで御座いました。御挨拶は後でと申し、社務所へ御案内して種々おもてなしの末お話を伺いますと、

「お代様、申し訳御座いません。あんな勝手なことを致しましたことをお許し下さいませ。あれから私共は種々な不幸が御座いました。一番困りましたのは娘の気が狂ったことで御座います。泣いたり、おこったり、今ではほどこすすべもなく、ほとほと困りはてました。私が娘の望むままに男性と交際させておりましたところ、相手の人の心変わりから、娘がこんなことになりました。今日は思い切って、あの時寒山を取り上げましたお詫びやらお願いにお詣り致しました。どうか親子の者をお助け下さいませ。」

とお詫びなさいます御様子を拝見致しておりますうち、御因縁というものの恐ろしさをつくづく思いましたことでした。寒山の御因縁もさることながら、御自分の御縁のもつれから自暴自棄になられ、御両親に御心配ばかりおかけになり、お母様がいつも泣いておいでになりました。玉光大神様へお詣りになられるようになったのも、

この寒山を取り上げられた方のためで御座いました。十年過ぎた今日、御自分のお嬢さんのことで、しかも、同じ願いをなさいますのを目の前に見て、今更ながらむくいの恐ろしさを思いました。それで、今は亡き御両親によくお詫びをなさいませと御すすめし、玉光大神様へ一心にお祈り致しておりますうち、お嬢さんも今までになくおちつきを取りもどされたと言ってよろこんで帰って行かれました。この方々の御体験はそれこそたくさんございますが、今度は山崎朝雲先生に関連したことだけにとどめます。　合　掌

（昭和三十八年五月、みさきわけ十一号）

長瀬吉太郎ちゃんのこと

お三宝の上の白蓮と蝶

今から八年前、昭和三十一年六月八日のことで御座います。信者長瀬史枝様のお孫さんの吉太郎ちゃんがころんで手に怪我をなさり、医者に行く程でもないが念の為にと医者に行かれました。その時注射を打っておもらいなさいましたその注射が、アレルギー性体質の吉太郎ちゃんにあわないため急に命があやうくなられました。長瀬史枝さんが御心配のあまり朝四時に御門をたたかれ、

「吉太郎の一大事で御座います、どうか孫の命をお助け下さいませ。この祖母の命に替えても孫の命をお助け下さいませ。孫のためならどんなことでも致します。今日から千日、日参も致します。」

と私の手を取り泣き入られ、長瀬さん御自身がどうかなされないかと心配する程で御座いました。私達三人でお慰め致し、お祈りに入り、一心に祈っておりますうち、大神様御降臨あらせられ、

『孫の霊は既に吾の許に来ているが、そちの誠にめでて、新たに孫の命をあたえとらす。』

と御神言を賜わりました。大神様御降臨の寸前に、廻廊のところから吉太郎ちゃんがとんとんと上がって来られ、御神前のおみあかしのところへ行かれたので、あら、吉太郎ちゃんが、と不思議に思って見ていますと、姿が消えました。すると、お三宝の上に白蓮の花が〃パッ〃と開き、白い小さな蝶が出て花弁に止まりました。何か不吉な思いでお祈りしておりますと、大神様の御降臨があり、先に申しましたような尊いお言葉を頂きました。一同ほっと致しました。後から吉太郎ちゃんの来られたことを話しますと、宮司も吉太郎ちゃんが来られたのを見て、もうだめだと思った、と申しておりました。長瀬さんが帰られてお聞きになられたお話によりますと吉太郎ちゃんが病院のベッドに意識を失っていられたのに急に、

「パパ、さようなら、ママ、さようなら、吉太郎は神様のところへ行くのよ。」

と言い出されましたので、若い御両親は驚かれ、

「吉太郎、どこへも行ってはいけませんよ。」

とおっしゃりながら、大神様をひそかに祈っていられたそうで御座います。まもなくはっきり意識を取りもどされ、回復なさいました。あれから八年、一度も御病気なさらず元気に学校へ行っていられます。今、小学校三年生になられました。幼い霊にもあの時の尊い大神様の御慈悲がおわかりになったのか、幼いのに御信仰がお厚いと伺い、かげながら嬉しく無事に成人なさいますことをお祈りしております。

お祖母様のかわらぬ御信仰のため、吉太郎ちゃんのお父さんが自動車事故にお遭いになりましたが、大事に至らずすみました。その後、お祖父様が山中でおけがをなさいました時、たった二人きりでどうしようもなく困りはてておいでの時、里の人が通りかかり、背負って山を下ってくれ、病院へ連れて行ってくれましたそうで、命にかかわる一大事をお助け頂かれました。

末のお嬢さんの加代子さんも、大神様のお恵みにより、小森庸光さんとの御縁がととのい、今また、御神言により、宮司の骨折りでアメリカへ留学していられます。先日のお便りに、大勢の生徒の中から加代子さんが表彰され、学校で写真にのったと言ってみえました。知らぬ国へ行かれよくがんばって下さったと私達も心から嬉しく、お帰りの日を楽しみにお待ちしております。

玉光大神様お守り下さいませ。　合　掌

長瀬吉太郎ちゃんの命乞をして詠める

愛《めぐ》し子の面変り行き命すら
　既に危ふくなりたりと言ふ

医者《くすりし》の誤り打ちし注射より
　幼き命既に危ふし

大前に泣き伏して孫の命乞ふ
　此の信者《まめびと》に何と伝へむ

白蓮の花弁に止る白き蝶
　長瀬吉太郎の幼き霊《たま》か

大前に泣き伏しにつつ祈る祖母
　孫に代りて吾を召せてふ

千日の日参りはおろか吾命
　今召さるとも悔いぬとぞ言ふ

吾が手取り孫の生死は如何にてふ
　この信者に何と伝へむ

吉太郎吉太郎よと祖母の声
　静もる宮に響き籠らふ

大神も汝を憐みて愛《かな》し子の
　命新たに授け給へる

（昭和三十八年八月、みさきわけ十三号）

十、神の奇蹟

私が玉光大神様のお恵みを頂きました時、二十四歳でした。今年で四十一年になります。その間に、国家的のことも私個人のことにつきましても、信者様の御身の上にも、種々の奇蹟を見せて頂きました。戦争勃発から終戦後の今日迄の出来事、何一つとして、御神言に間違いはございませんでした。御降臨の時、大神様が、

戦争突入と必勝祈願

『今から五年の後に、天がさかしまになるような大戦が起こる。吾はそれを済度に降った天津神ぞ。』

と仰せられました。丁度五年目に、支那事変が起こりました。その後、私達が、明治神宮参道前にささやかな教会を開いていた時のことでございます。昭和十六（一九四一）年十一月三十日の夕方のことでございました。六時に夜のお勤めをいたしておりますと、大神様がお下がりになって、

『代よ、今から明治神宮に参拝して、天皇陛下の御無事と、日本の安泰を祈って参れ。』

との御神言に参拝いたしました。帰って御神前に額づいておりますと、大神様が、

『代よ、日本の平和も今日で終わるであろう。』

との御神言でございました。この日から、それこそ必死の思いで、百日間参道の玉砂利を踏みしめながらお詣りしておりますと、月が明けて十二月八日、大東亜戦争が起こりました。それから必勝の祈りに明け暮れたのでご

ざいます。丁度満願の日に香港が落ち（昭和十六年十二月二十五日午後七時に落ちたと大本営の発表がありました）、続いて翌十七年二月十五日、午後七時五十分にはシンガポールが落ちました。

九軍神のお祀り

戦争勃発間もなく、真珠湾攻撃の九軍神のお働きの発表がありました。大神様に泣きながらお祈りをしておりますと、

『九人ではない、十人の御霊を慰めてとらせよ、死ぬよりも辛い思いをしている者もいるぞよ。』

との御神言で十人の御霊祀りをいたしました。そして四、五人の御信者と共に、多摩川へ御霊流しに行きました。ここでも不思議な神の奇蹟を拝ませて頂きました。と申しますのは、その時、岸につないであったボートに乗って、そこから御霊をお乗せしたお三宝を流し、そのあと、お供物を載せたお三宝を流し、次に、それぞれ持って行った白バラの花を流し、祈っている事しばし、祈りを済ませて岸に上り、川の面を見ますと、御霊を乗せてあったお三宝だけが私のまん前に、とどまっているのです。よく注意して見ますと、他のお供物の品やお花などは、あとかたもありませんでした。余りの不思議さに暫く岸に立って、皆で黙禱をしておりますと、大神様が御降臨になって、

『そち達の真心を受けさすため、川の流れをとどめておいた。』

とのお言葉でした。皆様も御承知のように、あの時の海軍の発表は九軍神でしたが、大東亜戦争が終わりました時、アメリカに捉えられて、第一捕虜として帰られた方のあったことを知りました（坂巻和男氏）。やっぱり御神言に違いはなかったと、たとえひとときにせよ、御神言を疑ったことの愚かさを、大神様に心から深くお詫びいたしました。

和睦の時を逸して

サイパン島が玉砕の報道がありました。昭和十九（一九四四）年七月十八日、大本営発表でした。私にはサイパン島に兄夫婦や、姉一家がおりましたので、それこそ必死で無事をお祈りいたしました。幸い、姉夫婦は無事に帰りましたが、兄夫婦とヤップ島におりました叔父一家は帰らぬ人となりました。その夜、私が家の防空壕へ落ちて気絶し、両手を折りました。その時、大神様が御降臨になって、

『戦争をやめるには、今が一番良い時だが、代が手を折ってしまっては上げる事もできぬのぅ。』

とのお言葉でした。戦争が終わってから聞いたことですが、その頃、アメリカが支那の蒋介石を通じて、和睦を申し入れてきていた時であった、と聞きました。本当に大神様がお心をお砕き下さっていたことがわかり、良いチャンスを逃がしてこの敗戦に終わりましたことは残念でなりません。天皇陛下が代々木の原に御行幸の時、

『代よ、今、天皇陛下に直訴をして、戦争をやめさせると良いが、今は、代が捕えられて命を失うことで終わるであろう。やはり、ときを待とう。』

というお言葉でとりやめました。今想い出しても残念でたまりません。それから御神言によって、私と清光さんとで、お清めに行きました日本の要所々々、たとえば、横浜、呉軍港、犬吠崎、舞鶴、新潟、土佐湾（太平洋を望んでいる坂本竜馬のところから、アメリカが上陸しないようにと、御祈りをしてまいりました）、京都と言い、大切なところは皆、空襲を免れさせて頂きました。

木曾山中での奇蹟

私は、東京で一番さきの空襲の時、明治神宮をねらった大型爆弾のそれ弾が、私の家の二、三軒さきの庭さきに落ちました。幸い、不発弾だったために命は助かりました。ところが私は、爆風で飛ばされて、庭さきの踏み石の上に落ちましたために、膝を痛めて足が立たなくなりました。すると大神様が、

『今のうちに木曾のお山に御礼詣りに行け。今出ないと、東京からは生きては出られない。』

との御神言ですので、翌日、清光さんの肩に縋り、着のみ着のままで木曾のお山にお詣りいたしました。道中、高崎駅で空襲に遭いやっとの思いで木曾の宿にたどり着きました。御礼を申し上げておりますと、宿の女中さんが血相を変えて、

「お客さん早く逃げて下さい。自動車に積んでいたダイナマイトが爆発しそうです。早く早く。」

とせき立てられて、立とうとしますと大神様が、

『代よ、心配せずに祈っておれ。』

とのお言葉がありますので気もそぞろに祈っておりますと、だんだん気持も落ちつき、外の騒ぎも静まった様子です。やっと、こわかった東京を逃れ、御神言で木曾の山奥まで来たのに、ここで命を落とすのかと、何ともいいようのない複雑な気持になりました。日頃、信者様の方々に向かっては、

「なにごとも、大神様にお任せしておれば、いつ、何があっても大丈夫ですよ。」

と申しておきながら、さて、自分の目の前にこのようなことが起こりますと、どうにもならぬ、やりきれぬ思いがいたしました。言うは易く、行なうことのむずかしさを深くさとりました。

『明日から二十一日間、八海山《はっかい》へ登って必勝の祈りを捧げよ。』

との御神言で、宿の主人に頼み、お弁当のおむすびを一つ貰って、

「八海山に登る途中に清滝さんという滝があって、そこにお不動様が祀ってあるからお詣りして御覧なさい。」

と宿の主人に言われ、やっとの思いで清滝さんの前に着きますと、十八間の滝は上まで凍り、それに朝日が輝き、何ともたとえようのない、浄く荘厳な思いに打たれました。自分の小さな思いなどは吹き飛んでしまいま

した。滝に向かって一心に祈りを捧げました。それから毎日毎日夢中になって日本の勝利を祈り続けました。あんなに腫れて痛かった足の痛みも覚えず、まるで嘘のようになおりました。満願の日に、いつものように祈っておりますと、中空から何ともいえぬ音楽のこえが聞こえます。以前、明治神宮の大祭の時に聞いたような奏楽の音が聞こえます。あまりの不思議さに、上の方を見ますと、お舟が降ってきます。その中に、いろいろな服装をなされた神様方のお姿が見えます。そのうちに、玉光大神様がお降りになって、大声に、

『天神は天に帰り、地神は地に降れ。このさかさごとを正さねば、地上に平和はこぬ。』

と叫ばれますと、お舟は天に昇り、楽の音も消えてしまいました。われにかえって、いつまでもいつまでも今見た神の奇蹟を、心に思い浮かべておりますと、大神様のお声があって、おごそかに、

『代よ、三種の神器は守り通す。中津国をも守り通すぞよ。長い間、御苦労であったが、必勝の祈りは、もう今日でよいから山を降り、小豆島の本宮に帰り、暫く籠城しておれ。』

と仰せられますので、清光さんにこの御神言を伝えますと、

「一応東京に帰り、家の整理をしましょう。」

と言われるので、大神様にそれを申し上げますと、

『代よ、東京へ帰ったら、生きては出られぬぞよ。』

とのことで、その日のうちに、島へ向かって帰りました。

高野山にて

島で二年半、籠城しておりました。何のたくわえもなく、それこそ着のみ着のままでしたので、山へキノコを取りに行き、海へ貝を採りにゆき、その日その日の餓えを凌いでおりました。そのうち博（現宮司、本山博、宗教心理学研究所長）が無事復員して帰りました。すると玉光大神様が、

『吾子として貰い受けよ。これより博に学問をさせ、世のため、人のためになるように、不滅のものを打ち立てさせる。』

との御神言で、早速親元へ貰い受けに行きました。そして、東京へ参りました。御神言がありましても、何の貯えもない私は、一人分の汽車賃もございませんので困っておりますと、兵庫県加東郡、社町に疎開しておられた藤原靖三氏がある日、

「命をお助け頂きましたのでお礼詣りに来ました。」

とて本宮へみえられ、

「お代様、兵庫へ、お清めに来て下さいませんか。」

と頼まれ、渡りに舟と早速播州の社町へ参りました。藤原氏の家でお祈りをしておりますと、持宝院の快賢老僧の御依頼を受けました。

「このことは、実は極秘のことですが、今、高野山をマッカーサーが没収すると言い出され、真言宗にとっては一大事のことです。玉光大神様のお力にお縋りして、貴女に高野山へお清めに行って頂きたい。」

とのことで、早速、高野山へお詣りいたしました。

この日の高野山は、日本全国の新聞記者の大会があって沢山の人出でした。田村義基僧（快賢老僧の御子息で、現御住職）の御案内で、極秘の中に金剛峯寺の内、外一円をお清めして歩きました。高野山の事務所へ参りますと、四、五人のお寺さま方が、何か談合しておいでのところでした。御挨拶をして上がりますと、いきなり大神様が御降臨になり、お床の間の上にお昇りになり大声に、

『高野の僧はメクラか。今、このように集まって、宗派争いをしている時ではあるまい。戦争に負けて、神も

仏も見失い、戸惑っている民衆を救え。早く山を降って、辻説法をして歩け。時を失うと日本はそれこそ一大事なことが起こるぞよ。』

と、きびしい御神言があって、御昇天遊ばされました。吾にかへってみますと、私はお床の上に座しておりますので、皆様に無礼を詣びて帰りました。不思議にも弘法大師御入定のお寺にその夜は泊めて頂きました。帰ろうといたしますとお寺さまが、

「高野山で、一ヵ寺差し上げますから、この高野にとどまって、この神わざを皆に示して下さい。」

と言われましたが、お暇をして帰る道すがら、大神様が、

『代よ、寺が欲しければ寺を建ててとらす。宮が欲しければ宮を建ててとらす。代は一宗一派に捉われぬように。一切の上に立っている神に仕える者と思へ。そち達も、その心で精進しておれ。今に世が平定したら、代は里には置いておかぬ。それ迄の辛抱ぞよ。』

この御神言を頂いて帰ろうと思い、道に立ち奥の院の辺りを拝んでおりますと、紫雲が立ちこめて、その中に大きな光の輪が現われましたので、暫く拝んでおりますと涙がとめどもなく出て止まりません。これを随喜の涙と申すのでございましょうか。今も眼をつむりますと、あの時の情景が見えて参ります。皆様も御存知のように高野山はマッカーサーの没収をまぬがれました。これは偏に玉光大神様の大きな御力と御徳と、弘法大師の大慈大悲のたまものと思います。弘法大師の御徳は一千年余の今日至る迄、宗派を問わずお詣りをして、おかげを頂いておられます。私も戦後三回も大病をいたし、いつも四日か五日か霊界に行きますが、之は日頃、皆様のお祈りをし、おふりかえをいたしますので、大神様が私の、身も心もお浄め下さるために霊界へお連れ下さることと思います。蘇生したあとは、いつも健康になります。思へば尊い極みでございます。

戦後の日本についての御神言

島におりました時のことで思い起こします数々のうちの一つに、信者、柳田毅三氏が、

「満州へ一度仕事の整理で行きたい。」

と言われました時に大神様が、

『八月の半ばになれば、戦争は急変する、それまでのときを待て。』

と御神言がありました。

また、八月四日の夕方のことでございます。町へ買物に出かけた帰り、お宮の坂道を途中まで参りまして、疲れて途中の道に腰をおろし、何気なくムカデ山を見ますと、四日の月が山の頂きに昇っております。見ていますと何だか変なので目を凝らして見ておりますと、その月が三つに割れてきます。不思議に思い、清光さんに見せたいと思い、大急ぎで呼びに上がり、今見たことを申しますと、

「そんなことがあるものですか、お魚が焦げますから。」

と言って出てくれません。余り私がしつこく真剣に言いましたので、やっと外に出て空を見上げますと、何の変哲もないお月様でした。

「やはり何でもないではありませんか、月に雲でも懸ったのを見られたのでしょう。」

そのように言いますので、

「違います、私がこの目で割れてゆくところを見たのです。」

と言って譲らずおりますと、大神様がお降りになり、

『清光、代が今見たことは真実のことぞよ。今にこの戦争が終わったのちには、この世界が三つに割れて戦う時が来る。国民皆が、神も仏も見失って親と子が殺し合う時が来る。哀れな者ぞ。近いうちに東西の大相撲が起

こる、土俵の場所によっては、日本がふんどしかつぎの役目はまぬかれまい。』

と仰せられてお昇りになりました。

その奇蹟を見て間もなく、島の八幡様の山と、現在、玉光神社の建っている間の中空に、クッキリと日の丸の旗が上がっているのを見ました。この時、日の丸が上がっているから日本は大丈夫、勝つと心に決めておりますと、間もなく、天皇陛下の御詔勅が下って敗戦に終わりました。あの時のことを思い出しますと、今でも、くやしく泣けてまいります。幾年も経たぬうちに朝鮮戦争が起こり、日本はふんどしかつぎの役目をさせられました。最初に御降臨の時、

『天が、さかさになる』

との御神言でございました。日本は遂に有史以来の敗戦に終わりましたが、大神様の御神徳により、天皇陛下の御退位もなく、中津国は残りました。これは只々大神様の御神徳と御加護によるものと思います。それからいつも平和の祈りをしておりますと、

『代よ、昭和二十五年（一九五〇年）が来れば、日本は元の平和な日本になるぞよ。』

と御神言がありました。丁度、御神言の二十五年には講和の動きが起こり、翌二十六年に講和会議が結ばれ、日本は独立国となりました。それ以来、宮司を始め、信者一同、ヨガの行をして、世界に戦のない、平和な状態となることができますよう、祈りつづけております。

その折々のお歌でございます。

『代よ疑ふなかれ戦ひの

終りしのちの世界《よ》の姿
三つに割れて争ふと知れ』

中空に出でたる月のいぶかしく
その三日月の三つに割れたり

ふしぎなる現象に吾が眼疑ひつ
まなこ凝らしつつ割れる月見る

清光に吾見せばやと急ぎ来て
示す三日月は月並みの月

『人みなが神も仏も見失ひ
殺し合ふ時の哀れくるなり』

『代よ聞け三種の神器は必ず守る』
宣らすみ声の空よ聞ゆる

国危ふし祈れとこそを宣らせしに
木曾のみ山に登り来にけり

玉光大神　守り給え幸え給え　合掌

（昭和四十八年五月、「宗教と超心理」第一巻第二号）

十一、神の経綸

昭和十五年元旦の御神言

皆様、新年おめでとう御座います。私は新しい年を迎える毎に、昭和十五年元旦の御神言を思いおこし、精進努力して参りました。元旦祭の後、大神様御降臨あらせられ、

『代を初め皆は新年を迎えるに当たり、一年の計をたてているか。一年の計もたてぬような者には大成はなせぬぞ。吾は百年、否、三百年の計を打ち立てたるぞ。これからは世界が三つに別れ争いを起こす。この争いも三百年の後には世界が一つになり、真の平和をもたらすであろう。信者の皆もこの一大事の時にあたり、いったん志を立てた上は、どんな困難にも打ち勝ってやりとげねばならぬぞ。』

と御力強くお諭し下さいました。あれから二十三年、戦争は負け戦に終わり、戦後のきびしい社会情勢を見てま

いりますと、正に世界は三つの思想に別れ、益々険悪な情勢になってまいりますので、あの日の御神言が身に泌みて思い出されます。

今年は大神様にお仕え申し上げて丁度三十年になります。今日迄の尊い御神言の数々を思いおこし、至らぬ自分をお詫び申し上げ、精進致してまいります。

井の頭玉光神社の由来

昭和十四年三月、信徒総代中西義雄氏が参拝の後、

「私は昨年大神様に仕事の事で御示しを仰ぎました。御神言通りに事業も発展し、今日では銀座へ事務所を持ち、自宅も建て替え立派になりました。この度は、是非とも玉光大神様の御社を建てたいと思います。私に建てさせて下さいませ。お許しがあれば、場所も良いこの敷地へ早速お建て致したい。」

と申されます。私達も御厚意を喜び、大神様へこの事をお伝え致しますと、

『今ここへ社を建てる事は無駄になる。志は嬉しいがしばし時を待て。吾が十年後に社を建てるために定めおく所は、これ（明治神宮参道前）より西北に当たり、そこより南西に霊峰富士が見え、木立の中に清い清水がわき、西から東へ流れるその小川のほとりに定めてある。その時こそ力を添えるように。』

との仰せに、中西氏も御神意を知り、後日をお約束して帰られました。はたして十一年後の二十四年四月八日、御神言により現在の所へ参り、あたりの情景を見ますと、十一年前の御神言通り、南西に富士山が見え、清水わく池のほとりで御座いました。池の水は清水で、西から東に流れております。お社の敷地につき、左のような体験も御座います。博が大学へ入学の前、試験勉強を致しておりましたが、何しろ八畳一間の所で私達はお祈りしますし、片隅で試験勉強ですので、思うようにできず、ある日のこと、井の頭公園が有名と聞くが行って見ようと思い立ち、来てみますと、人は面白そうにボートに乗っている。自分はどこか静かな所はないか探し歩き、現

在の社務所の所あたりに腰をおろし、このあたりに住まったら静かに勉強もできてよい、早くこんな所へ来たいな――と思って帰って来た、と申します。そこへ一年後には教会を建てて引きうつりました。博はいつも不思議なお計らいだと喜んでおります。五年後に現在の御宮を建立致しました。私達があの時明治神宮前へお社を建てておりましたら、おそらく死んでいたでしょう。あのあたりはひどい爆撃で、大変な死者が出たそうで御座います。思えば何も彼も勿体ないかぎりで御座います。

家につたわる信仰を大切に

右と同じ頃、信者某氏が玉光大神の御分神をお受け致したいと申し出られました。日頃大神様の、

『吾を他所へみだりに祀ってはならぬ。』

とのきびしい御神言も御座いますので、某氏にもこの事を申し、再三お断り致しましたが、

「自分は決して大神様をそまつには致しません、これ程おかげを頂いているのです。是非お詣りして朝夕御礼申し上げたい。」

とたっての願いに、大神様もお聞き取り遊ばされました。その時の御神言に、

『たってとあれば聞きとどけるが、今にそちの心の荷物になる時が来ようぞ。その時は社を焼き払い、西から東に流れる水清き小川へ流せ。吾はその小川のほとりに鎮まらん。』

と仰せになりました。すると某氏は、

「神様にお言葉を返すようですが、東京にはどこにも西から東に流れる川はありません。」

と言われますと、

『今に解る時が来る。』

とだけ仰らせれ、昇天なさいました。その信者は後に他の宗教へ奔られました。全く大神様のお見通しの如く、神様を祀られたことは心の重荷になられることで御座いましょう。この事が御座いましてから、戦前は誰方にも御分神はおうつしせぬことに致しました。只御祖先を大切に祀り、家につたわる信仰をおつづけになられる事をおすすめ致しております。

第二章　神のお導きとお諭し

一、戦時中のお祈りとお導き

戦争と平和のお祈り

エビと鯛の夢

昭和十五年の八月の事で御座います。私達は毎年小豆島の本宮へ、夏は清光さんのお母様を見舞いがてら静養に帰島致しておりました。八月のある夜の夢に、私が土庄の浜辺であさり貝を掘っておりますと、何やらぐずぐずと音が致しますので、足下を見ますと、海老の大群が一間もの幅で、岸へ上がって行きます。そこへ鯛が群をなして、何かに追われるようにして泳いでまいります。よく見ますと、金魚の群に追われているので御座います。そのうち海水が引き、鯛は泳ぐこともできないで腹を返し出しました。そして中には、ピンピンはねて陸へ上がって行くのも御座います。金魚も後を追って行きます。私は貝を掘る手を止めて見ているうちに、鯛が段々と弱ってまいりますので、可愛想に思っているところで目が覚めました。夢から覚めた私は、何だか気持が悪く、胸騒ぎがしてなりません。起き出して大神様へお伺い致しました。御神言で、『代よ、今にエビ（ＡＢ）の大軍が押し寄せて来る。鯛だ鯛だと偉張っていると、金魚に追われて陸に上がって身動きもできぬようになる。戦局も今にこのようになる。代達もよく祈っておれ。』との御神言で御座いました。皆様も御存知のように、やがて昭和十六年の十二月八日の御詔勅によって、支那事

変から大東亜戦争にと発展し、一時は大勝利を得て国民全体が勝利に酔い、勝った勝った（鯛だ鯛だ）と言っているうちに敵はサイパン島まで手に入れてしまいました。せめてこの頃に和睦ができなかったものかといつもあの夜の夢を想い出し残念でなりません。私達は昭和十五年ごろは明治神宮の表参道の御神橋の近くにおりました。毎年一月に、代々木の原で天皇行幸の上観兵式が行なわれます。昭和十七年一月の観兵式の時、天皇陛下が代々木の練兵場に行幸あらせられた後、玉光大神様が御降臨遊ばされ、

『代よ、そちはいつでも吾に命を呉れるであろうのう。』

との御言葉に、

「ハイ、いつなりとお召し下さいませ。あの時死んでいる筈の私、ちっとも惜しくは御座いません。」

と申しあげました。すると大神様が、

『この戦争を止めさせる為に、天皇陛下に直訴させようと思うが、犬死に終わるかも知れぬ。それも可愛想に思われてならぬ。この戦争が終わった後役に立てるため、代の命は暫く吾が預って時を待とう。』

と仰せられ御昇天なさいました。私も堅くお誓い申し上げました。そしていつ召されても悔いの無いように精進致しておりました。

折れた腕と杖

段々戦争も激しくなり、必勝の祈りに明け暮れておりますある夜、空襲警報が出ましたので、防空壕を開けて入ろうと思いましたが、すぐに解除になったので壕の蓋もせずそのままに休んでしまいました。夜中に用足しに行こうと思い、あやまって防空壕へ落ち、右腕を折ってしまい、そのまま気絶致しました。清光さんに抱き起こされ、ようやく気が付き壕から這い出る事ができました。その時、清光さんの話では、

「大きな音で目を覚まして見ると、壕の中からうめき声がするので、懐中電燈で中を見ますと、お代様がうつ伏せに倒れられ、泥まみれになってうめいておいでますのに驚きました。梅酒をお飲ませしたら気が付かれましたのでホッと致しました。」

と言っていられました。私はいつもながら自分の粗忽さにあきれてしまいました。飲まされた梅酒は、その日の朝、物置をお掃除しているうちに置き忘れていた梅酒を見付け出し、清光さんに、

「もし気絶した時はこれを飲むことにしましょうね。水屋の中に入れておきますよ。」

と言って、水屋に入れておいた梅酒で御座います。それがその夜、自分の為に飲まされるとは知るよしも御座いませんでしたが、これも皆、大神様の御はからいと存じます。その時、腕を折りましたので手当てをして貰っているうちに、玉光大神様が御降臨遊ばされ、

『代よ、戦争を止めるには今が一番よい時期だが、腕が折れては手を上げる事もできぬ。今をおいては和睦の時はあるまい。明日から一週間休め。明日の朝、神前にも玄関にも白い紙を張っておくように。』

との御言葉で御座いました。御神言のように致しました。まるで忌中のようで御座いました。あとからラジオの報道で分かりましたが、この時サイパン島が落ち、兵隊さんも島民の方々も大勢玉砕なさいました。私の兄達姉達叔父一族の者も、十幾人がサイパン島におりました。大神様は兄や姉達の死をお知らせ下さって、喪に服させて下さるのだと気付きました。兄や姉達を始め、大勢の方々の為に御冥福を祈りました。後で分かった事ですが、兄姉達はその時皆海を目がけて飛び込み、岩の間にもぐり、朝まで隠れていたそうで御座います。朝、大勢の人の血潮で海水は真赤に染まり、人の死体が浮いている中を泳いで渡り、主人や兄達の名前を叫び、返事があった時は夢のようだったと申していられました。姉は、そのうち兄達や主人が自分を呼ぶ声も聞こえてまいり、

お互いに助かっていた事が分かり、手を取り合って泣いたと申していられました。こうして、不思議に命を助かり帰ってみえられました。

次の兄は現地召集で出て行かれて、戦死されたそうで御座います。また叔父達一家は、後にヤップ島で一家全滅なさったそうで御座います。姉が申しますには、

「あの中をよくも生きて帰れたものだ。これも皆あなたの信仰のたまものだったのですね。今思い出しても身の毛がよだちます。」

と申していられました。兄や姉達の身の上に起こりました奇蹟の数々を聞いていて、玉光大神様の御広大なる御慈悲に感泣致しました。再び相見る事はかなわぬと思っておりました姉達に、会わせて頂きました。玉光大神様有難う御座います。

玉光大神様はこのように戦争が拡大することをお嘆きになり、ある時も、

『小豆島へ必勝の祈りの為巡拝せよ。』

と仰せられ、博をまじえ同行八人で霊場巡拝を致しました（昭和十八年八月）。一同一心に霊場毎にお祈りを捧げ、第三の霊所へ参り、お祈りを致し、中食を済ませ、皆で一休み致しておりましたところ、博が大声に、

「僕の杖がこんなところから折れている。誰がこんな事をしたのだろう。」

と申します。皆も驚いて見ますと、根元から三寸位のところから折れております。皆一まとめにして立てかけてあるのに、博の杖だけを取り出して折るような事をなさる人も無し、お詣りなさる程の方は、杖は弘法大師の御身替りとして大切なことはよく御存知ですし、何としても不思議でなりません。皆で話し合っておりますうちに大神様が御降臨になり、

『皆も聞け、戦争は捧を折った方が負けだ。今日から必勝の祈りは止めて、早々に帰京せよ。』

との御神言で御座いました。その時、耳元で、

『代よ、今、イタリーが降伏した。この事は今は信者に話してはならぬ。他に洩れると代達が迷惑をこうむることになるぞよ。絶対に他言はならぬぞ。』

との厳命で御座いました。もし信者に洩らして、警察へわかったとしたら、あの頃の様子を思いおこしますと、私も今頃はとても生きてはいなかったと思います。御言葉の通りに致し、一同無事に帰京致しました。その翌年、昭和十九年十一月十日に大神様御降臨あらせられ、

『代よ、戦局が急変した。早く本宮へ帰れ。信者にも早く疎開するように申せ。』

との御神言に、早速、総代柳田氏始め他の信者にこの御神言をお伝え致しますと、皆様は、

「今お代様に行かれたら、我々は木から落ちた猿も同然です。神様に願って帰らないで下さい。」

と反対され、躊躇しておりますうちに、初めての空襲にあいました。一軒先のお庭へ大型の不発弾が落ちました。私は爆風で倒され、足が立たなくなりました。御神言にそむいた事を深くお詫び致しました。その時、

『代よ、命を全うした礼として、直ちに木曾のお山へ詣れよ』

との御神言に、私達は大急ぎで木曾のお山へ詣りました。お山で二十一日間籠り、戦争の終結を祈り続けました。その時、このまま本宮へ帰れとの御神言に、着のみ着のままで小豆島の本宮へ帰って参りました。

割れゆく月

昭和二十年の三月八日、この日の夕方の事で御座います。私が下の町へ買物にゆき、坂道にかかり、余りに苦しいものですから道辺に腰を下ろし、何気なく空を仰ぎますと、百足山の上に三日月が出ています。今宵の三日月は何だか変だと思って見ていますと、月が三つに割れてまいりました。雲が

かかったのかと思って眼を凝らして見ましたが、雲がかかったのではありません。あたりに雲は一点も御座いません。余りにも不思議な現象に驚き大急ぎでお宮にかけ込み、

「清光さん、大変よ。月が三つに割れたわ。早く出て御覧よ。早く早く!!」

と申して呼びました。清光さんは夕飼の仕度をする手を止めようともせず、

「そんな事は御座いませんよ。雲でもかかっているのでしょう。」

と言って驚きません。私が余りうるさくせき立てますので、やっと外に出て月を見ますと、いつもの通りの三日月で御座います。

「矢張り何でもないではありませんか。白い雲でもかかっていたのでしょう。」

と言って、家に入ってしまわれました。家の中から、

「お陰でお魚が黒焦げになった。」

とぶつぶつ言われる清光さんの声がしています。私は余りにも不思議な現象に打たれ、恐ろしい戦争のさ中のことで心も暗く、そのままそこへいつ迄もいつ迄もたたずんでおりました。すると玉光大神様のお声が聞こえて来まして、

『代よ、月の割れはそちの見誤りではない。今に世界があの月のように三つに分かれてまた争う時が来る。なげかわしい事だ。この戦争が終わった後、まず東西の横網の大相撲がある。その時、日本は土俵の置かれる場所によっては、フンドシかつぎの役目はまぬがれまい。』

との御神言で御座いました。私はこの戦争が終わってもまた戦争があるのか、どうしたらよいのであろう、神様のお力で何とかならないものかと、この時程神様をお恨み申し上げたことは御座いません。世の真理を知らぬ私

は、愚かにも大神様をこのようにお恨み申し上げました。この御神言を頂きましてから、毎日奥山の弘法の滝に世界平和のお祈りに参りました。

ある日もお滝へお詣りに行こうと北山を通りかかりますと、森口千吉氏の御家内が私達の通るのをみられて、

「今日もお詣りですか。御苦労様ですね。今、ぬく御飯が出来たところですが、一膳上がっておいでになりませんか。」

と申して下さいます。私達は今、お社で葉っぱの雑炊をお腹一杯食べて出て来たところです。ものの五町も歩いていない時、このお誘いに清光さんと顔見合わせ、折角の御親切だからと申して、すすめられるままに一膳だけ頂きました。お百姓をなさっておいでですから、それこそ白米のほこほこです。おじぎをすれば口から雑炊が出そうなお腹でやっと一膳頂き、御礼を申し上げてお山へ向かいました。久しぶりに白米を頂きましたのと、人の情けに元気が出てお山へ参りました。お山にかかりますと、足に力がいりますので、中程からお腹が痛くなって参りました。立ち止まって治るのを待っていますと、大神様が、

『代よ、人の情けに甘えてはならぬ。身の程を知れ。いわれの無い馳走になってはならぬ。戦地で戦っている兵士の身の上を思ってみよ。幾日も幾日も一切れのパンさへ口にもせず、一睡の時も与えられず戦っているのだ。誰の為だと思う。よくよく心して、これからは決してさもしい心を起こしてはならぬ。』

とのきついお叱りを受けました。私は滝に打たれながら心から大神様にお詫びを致し、軍さ人の身の上を祈り、一日も早く戦争が終結する事をお祈り致しました。

『中津国は守り通す』

その頃、小豆島では誰が言い出したものか、中空に大きな日の丸が見えた、今に戦争は日本の勝利に終わると言って、もっぱらの評判で御座いました。それを聞くたびに私は、日頃大神様

が仰せになる御言葉と違うので、どうしたのだろう、さりとて人に言うわけにもゆかず、神様にこの事を申し上げますと、

『そうなればよいがと、誰も願うところであろう。』

と仰せられて、後はお言葉も御座いません。

或る日も皇踏《おうと》の山に登り、一人で一心に祈っておりますと、朝陽が昇り、光が私を包み、満ち足りた思いで静かに祈っておりますと、

『代よ、今から三百年の後には世界が一つになって、太陽もかくの如くあまねく照らし、真に平和な世界が来るであろう。』

との御神言が御座いました。私は岩の上に額づいて、深遠なる大神様の御神言を胸にたたみ、いつ迄もいつ迄も瞑想致しておりました。その後、島の本宮へ湯浅氏御一家が疎開してみえましてから、御夫妻と一緒に皇踏の山に登りました。六月の末の事で御座いました。お山に井戸のある所へ出てまいりますと、大神様が御降臨遊ばされ、

『代よ、この井戸をのぞき、自分の姿をよく写しておくがよい。皆にも見せておけ。人はいつどのようなことで変化が起きるかも知れぬ。国もまたそうじゃ。しかし三種の神器は護り通す。』

との御神言が御座いました。私は、大神様のこの御神言を賜わって、木曾のみ山での御神言を思いおこしました。

『代よ、中津国は護り通す。天神は地に降り地神は天に昇る。このさかさ事の為に地上で戦が絶えぬ。今こそ吾がこのあやまちを正さん。』

と仰せられ、天を仰がれて、

『地神は地に降り、天神はすみやかに昇天せよ。』

と三唱遊ばしますと、あたり一めん紫の霧が立ちこめ、静かな楽の音と共に、お舟が一隻浮かび出てまいりました。私が驚きの目で見ているうちに、十八間もの凍る滝を越え、高く高く中空へ消えて行きました。あの時の有様、今またこのような御神言に、お山を下る足下が今にも割れて地の底へ消えて行きそうで御座いました。それから二ヵ月後の八月十五日、天皇陛下の御詔勅により戦は終わりました。終戦から二十年経ちました今日、今も尚あの時の御神言や、木曾のお山にて神々の御昇天の有様が胸に焼きつき、目を閉じると、まな裏に見えて参ります。尊い極みで御座いました。


(昭和四十年十二月)

戦時中のお導きの数々

御飯とコップのお諭し

私がまだ小豆島に疎開致しませんで、参道におりました時、森園知子様が赤い御飯を紙に包んで持って来られました。お話によりますと、

「今朝女中がお釜の蓋を取りますと、真中に赤い輪が出来て、丁度日本の日の丸の旗のようになっています。驚いた女中が私の所へ参り、『奥様、大変なことが出来ました。奥様はお釜をおあけになって中へ何かお入れになりましたか。来て見て下さいませ』と言うので行って蓋を取って見ますと、女中の申します通り、日の丸をえがいたような御飯が出来ています。私も驚き主人や子供達に聞きただしましたが、誰もお釜の蓋を取ってみた人

は御座いません。そこで私は、『これは大神様の何かの御知らせかもしれぬ。御注意頂いているのかも知れぬ』と思い、食事もそこそこに持って上がりました。お代様、これを御覧下さいませ。」と出されました紙包みの中を拝見致しますと、赤いインキにつけておいたような御飯で御座います。早速玉光大神様にお伺い申し上げますと御降臨あらせられ、

『森園、そちの主人は大政翼賛会に寄与しているが、よく人選をせぬと良い政治が行なわれぬ。今に日本が赤くなって、白い御飯は喰べられなくなる。その日の来るのを主人に示しているのだ。』

との御神言で御座いました。信仰のお厚い奥様は、それから毎日のように詣られては、旦那様が職責を全うなさいますことを祈っておいでになりました。森園様は御子様方を四人も戦地にお出しなさいましたが、お一人の戦死者もなく皆様無事に復員していられます。これも皆、奥様の変わらぬ御信仰の御徳と存じます。

愛を注げ

戦後、森園様の御主人がお亡くなりになります数年前、奥様がお詣りになりまして、

「お代様、私はある教団のみ教えを頂きましたところ、私が悪い為に主人の病気がなおらぬ、主人の前に嗚咽、号叫して詫びればすぐにもなおると申されますが、私は今日迄主人に尽くして参りました。殊に病気に倒れられてからは一層心を砕いて看護して参りましたので、殊更詫びる事は無いと思いますが、どうしたらよろしゅう御座いますか、大神様の御指示が頂きとう御座います。」

と申されます。私がこのお話を伺っております中に玉光大神様が御降臨あらせられ、

『清光、台所からコップ五つと水指しに水をいっぱい入れて参れ。五つのコップのうち、一つだけ違うコップを持って参れ。』

と仰せられました。清光さんが持って参りお渡し申しますと、大神様がお盆の中のコップを森園様へお示し遊ば

され、

『森園、吾がこれからそちに示すことによって、そちが主人に詫びねばならぬか否かを悟るがよい。この五つのコップはそちの子供にたとえ、水指しはそち自身と思え。中の水はそちの愛情である（森園様には五人のお子様がおありになって、上のお子様は先妻のお子様で御座います。一つだけ色や形の違うコップはこの義理のお子様の事をお示し遊ばされたので御座います）。今吾が水指しの水をそれぞれのコップの中へ注ぎ込む故見ているがよい。』

と仰せられ、それぞれのコップに水をこぼれる程お入れになりました。形の違うコップには水を半分位お入れになって、

『森園、そちは今日迄子供達へこのようにしてきたであろう。このコップは、初めから色も形も違っていて、誰が見ても違うことはあきらかだ。それをそちは人から同じように見て貰おうと思い、あれこれと心をつかって形だけを整えようとして来たが、肝心の愛情を注ぐことは、このコップだけにはこのように水（愛情）は半分にもみたぬ注《っ》ぎようであったぞよ。いかにそちが悧発でも、このコップの色や形を変える事はできぬ。無理をすればコップは壊れて元も子もなくなってしまう。そちにできることは、コップの中へ水を注ぐことじゃ。せめて他のコップと同じように水を入れてやることは心掛ければできる。この後はかかる事のないようにせよ。そうすればそちが気にしている世間も本人も満足するであろう。そして同じコップのように振る舞うであろう。そうなれば主人も心から喜ぶであろう。』

と仰せられて御昇天遊ばされました。森園様も、今日迄の御自分の至らなさが分かりましたと申されて、大神様へお詫びしていられました。帰って主人にもこのお諭しを話してお詫びしますと言って帰って行かれました。

余った野菜

昭和十九年の事で御座いますが、段々と配給が少なくなり、乏しい毎日の食事に、その頃患っていた私の為に清光さんも心をつかっていられました。そのうち病気も大分よくなりましたのでお祈りに出かけました。練馬区にある吹き上げの観音様へ詣りました。帰り道、農家の縁先に野菜が沢山積んで御座います。その時御一緒にお詣りしました柳田様や池田様の奥様が野菜を見つけられ、

「お代様、買って帰りましょうよ。あんなに沢山あるんですもの、きっと売ってくれますよ。」

と申されてお尋ねになりますと、快く売ってくれました。私達も久々に大神様へ新鮮なお野菜がお供えできると、大喜びに一ト背負い買って帰りました。

教会に帰ってみますと、門の脇に大きなこも包みが置いて御座います。中を見ますと、人蔘や午蒡で御座います。裏に持って参りますと、裏にはバケツにジャガイモが山盛りに入れて御座います。その傍に、葱の大束が置いて御座います。私達は驚いたり喜んだりで、早速お供え致し、近所の方へも差し上げました。翌日からお詣りの御信者に差し上げようと思って申し上げますと、

「私方には沢山頂いた野菜が御座います。今日は大神様へお供え頂こうと思い、野菜を持って参りました。どうかお供え下さいませ。」

と申されます。それから三日間、詣る方が悉くお野菜を御持参なさいます。そして私が差し上げようとする野菜は、皆さんが御遠慮なさってか頂いて下さいません。野菜は裏庭で赤くなってしまいました。私が大神様のお下がりのお野菜だからと申しても、信者が頂いて下さいません。こんなに食物が不自由な中も受け取って頂けないことに気付き、大神様に、なぜ皆さんがあんなに辞退して帰られるので御座いましょうと申し上げますと、大神様が、

『代よ、気がついたか。そち達二人でこれだけの野菜が喰べられるか。喰べてみよ。いつ吾がそち達二人に不自由をさせたか。一度でも喰べぬ日があったか。吾が与えた物で満足していれば、何事も困らせはせぬ。人は足る事を知って心豊かに暮すものぞ。若し帰り路、警察の者にとがめられたら何とするのだ。たかが野菜一把位で、愚かな事だ。今のような心持では、これから先の困難に堪えては行けぬ。吾が信者の皆を国策に添わすためにも、先ずそち達が改めねば信者を諭すことはできぬ。再びこのようなことをしてはならぬ。』

と厳しいお叱りを受けました。私は深く恥じ入りました。そして大神様に不心得をお詫び申し上げておりますと、土井永市氏の奥様がお詣りになり、

「お代様、大神様からお叱りを受けるかも知れませんが、今夜私の家で寄せ鍋を致します。お初《はつ》を持って参りました。どうか召し上がって下さいませ。このお豆腐の方は明日でもお使い下さいませ。」

と申されて置いて行こうとなさいます。私は、四日前からの出来事をお話し致しました。

「自分の行ないを恥じ入り、大神様へお詫び致しておりますと、あなた様がこの寄せ鍋をお持ち下さいました。」

と申し、お野菜をさし上げますと大喜びでお持ち下さいました。私はこの時、神様の御威徳を現わすのも、また地に落とすのも仕える者の行ないにあるのだと、深く恥じ入りました。それから後はお許し頂きまして、毎日変わった珍しい物をお供えに頂きました。

悪いことは悪い

或る日、戸田末吉氏が祖先祭を願いに詣られました。海山のお供物を数々とおととのえになっておいでになりました。早速用意を致し、お供物を献饌いたしますと、大神様が御降臨遊ばされ、

『戸田末吉。実に美事な供物の数々、そちはこの供物をどうして手に入れたか。今日、そちの方には、こんな美事な品が配給されたか。そうではあるまい。そちがこの品々をととのえるには、幾日も心を砕き身の危険も冒したのであろう。この鶏を手に入れる為に命を縮める思いをしたであろうがのう。吾はそちを護るために、折角行に入っている先祖に申し付け、そちを護りにやったぞよ。その為先祖は高い段階に上がる時を失い又同じ所で修業を致す事になった。先祖を救うなら供養も大切だが、そち達子孫の者が行為を改め、きれいな心で、神の方へ心を向けて正しい祈りをしていなければ先祖の救いにはならぬ。正しい心の祈りを力に、修業に励み、高い位に昇り、子孫を護れるようになる。そうなれば子孫の栄えは思うままじゃ。そちの心根が分からないわけではないが、悪い事は誰がしても悪い事だ。よく心してゆけよ。さもなければ今に警察へあげられて、厳しいお調べの為命を失うようになるぞよ。』

とのお諭しが御座いました。そして、

『代よ、今日の祭は行なってとらせ、後の供物は一物も受けてはならぬ。皆、持ち帰るように申せ。』

との厳しい御言葉が御座いました。氏は、折角の善行を大神様がお咎めになったと思われてか、御立腹してお帰りなさいました。後から御降臨遊ばされ、

『代よ、あれでよいのだ。あのままうけては本人の後々の為にならぬ。又、そち達の為にもならぬ、以後はよく注意せよ。』

と仰せられました。常に、自分ではよい事をしている積りでいて、良い事をするにはこの位の事は止むを得ぬなぞと、勝手な理屈をつけてやってしまう事がまま御座いますが、今の御神言に、悪い事は悪い。誰がしてもどんな場合でも、悪いことは悪い。こんな分かりきったことが、欲望の為には分からなくなってしまうもので御座

います。

こうして大神様や御祖先様に御心痛をおかけして参り、戦争の時代は、私など、切角の信者の御厚意を受けないで御辞退致し、後では自分の心が狭い為こんなにお咎めを受けるのではあるまいか、その為神様にまで御迷惑が及んでいるのではないだろうか、と迷う時も御座いました。

老婆と車掌

ある日、御神言によりまして、千葉の鹿島神宮へ必勝祈願に詣りました。その帰りの汽車の中の出来事で御座いますが、駅を発車して間もなく車掌が切符を調べに参りました。私の前にいられるお婆さんの方が定期券を出されました。すると車掌さんが、

「これはお婆さんのですか。」

と尋ねられますと、

「はい。」

と申されます。車掌さんがお婆さんの顔と定期券を見比べながら、

「あなたのですね。」

と、問いただしました。するとお婆さんが、

「私のですが。」

と申されます。車掌さんは笑いながら、

「この定期には四十三歳の男の人の名前が書いてありますよ。あなたの伜さんのでしょう。これからは気をつけてこの定期を使ってはいけませんよ。」

と言ってニコニコしながら向こうへ行かれました。終始平気な顔で車掌に答えていられるお婆さんの態度に私は

あきれて見ておりました。帰って参りまして、大神様へ無事帰れたことの御礼を申し上げておりますと、大神様から、

『御苦労であった。』

とのお言葉を賜わりました。その後、

『代よ、そち達は車中の老婆のように平気で嘘がつけるか。人を助ける為の嘘なら、女が男になりきる程の嘘をつけ。又、嘘が真実になるまでつき通せ。お前達は、初めは人を助ける為と思って嘘をついても、我が身があやうくなるとすぐにくつがえし、自分が助かろうとする。お前達は善い事も悪い事もできぬつまらない者だ。あの老婆は定期券を見付けられ、伜に迷惑がかかっては大変だと思いつき、あのような態度に出たのだ。幸いにも車掌がよい人で寛大であった為、穏やかにすんだ。規則にばかり捉われないで、日頃から情けで自分の勤めを無事に果たそうと心掛けているので、あのように穏やかに諭せるのだ。車掌が良い為、三人の者が救われている。老婆は言うに及ばず、定期券の持ち主、駅の改札員、それぞれが助かっている。若し役目を嵩《かさ》に車掌が偉丈高になったとしたら、皆が科人になる。ついには車掌は人の恨みをかって職を失うような事にもなる。代達も人に情けをかける事を忘れてはならぬ。心して人の為に尽くせよ。』

との尊いお諭しを受けました。

神は自ら助くる者を助く

その頃藤原靖三氏がお詣りなさいまして、

「是非お灸の国家試験を受けて人の役に立ちたいのです。合格するようにお願いに上がりました。私は生来怠け者で勉強致しておりません。歳も六十歳の上ですし、とても受かるとは思われませんが、受験してみたいと思います。どうか試験にパス致しますように。」

と申されました。神様に合格か、不合格かお伺いを立てて下さいとの事でお祈り致しておりますと、大神様が御降臨遊ばされ、

『おろか者。吾に聞く迄もあるまい。そち自身、合格しない事を知っているではないか。日頃勉強せず、怠け放題に怠けて、試験の時だけ吾を頼っても試験に合格するものではない。心血をそそぎ、力の限り尽くした者にのみ神の祐けがあるのだ。この後、一生懸命、天務を全うする為に勉強もし、人も助けて行く心なれば、吾もそちを助けてとらす。そちは東京でいくら受験しても合格はせぬ。伊勢にそちの知人がいるであろう。その者に頼って伊勢で受験せよ。ただし、よく勉強をした後のことだ。』

と仰せられました。後で藤原氏が申されますには、

「お代様、勉強して受験するのなら誰でも合格しますよ。そこを何とか神様のお力で助けて頂きたいのですよ。何とかなりませんか。お代様から神様へお願いして下さいませ。」

と申されます。その時、私も、氏に御神言をお守りになって御勉強なさいますことをお奨めし、又一生懸命お祈りなさいますように申してお帰り頂きました。それから暫くお詣りなさいませんでしたが、ある日、ひょっこりお詣りになり、

「お代様、矢張り駄目でした。試験場へ行きましたら上がってしまって、日頃知っていて使っている灸穴も忘れて思い出しません。矢張り試験を受ける事は止めました。今、知っている事だけを人に施して行きます。」

と申されて帰ろうとなさいますと、大神様が御降臨遊ばされ、

『藤原。一度や二度試験に落ちた位で、そのように落胆してどうするのだ。受かる迄受けよ。伊勢に行けば必ず受かる。東京はそちに縁が無いのだ。いかにそちがきばってみても、縁の無い所では成り立たぬ。勉強をする

場所が無ければ吾が与えてとらす。吾の本宮へ二、三ヵ月程籠って勉強せよ。その間に島の信者に灸を施し、人助けをせよ。そうすればそちもおのずから助かるというものだ。早く行け。』

との御神言が御座いました。藤原氏が、

「お代様、実は私は静かに勉強するにも、場所が無くて困っておりました。有難う御座いました。今度こそ合格できるように勉強します。島のお社へ参ります時、伊勢に寄って知人に頼んでおきます。」

と申されて、喜んでお帰りになりました。島には二ヵ月半程いられました。いよいよ伊勢での国家試験の日の朝出掛ける前にお読みになった所や、車内で読まれた所が試験問題に出てきて、楽にできたと言ってお詣りになりました。それから日ならずして、合格の通知が参りましたと言って御持参なさいました。氏が御自分の心得違いを大神様にお詫びしておいでになりますと、大神様が、

『藤原、分かったか。世の中はそちが思っている程甘いものではない。人の命を預る医師の役目を致そうとする者が、今迄のような事では人の害になっても役には立たぬ。いつも真剣に診断をあやまらぬよう心せよ。』

と諄々とお諭し頂かれました。氏もこの後は謹んで参りますと、真実をおもてに表わされ、深くお詫びしていられました。

焼け残った藤椅子

昭和十九年に入ってある日、藤原氏がお詣りなさいますと、玉光大神様が御降臨遊ばされ、

『藤原。そちは日頃から落ちつきが無い。家に落ちついて患者を待て。病をおして尋ねる者が迷惑をする。吾も患者を向けてやりようがない。その為そちは大きな損をしている。もっと落ちついておれ。このような時(戦争中)、落ちついておらぬと思わぬ所で命を落とすぞよ。代が使用しているこの藤椅子をそちにあたえてとらすによって、これにどっかと腰をおろし、落ちついておれ。どのようなことが起こっても、あわてふ

ためいては命を失うぞよ。』

との御注意が御座いました。翌日、椅子を頂きにみえました。

その後は私達も島へ疎開致し、氏の消息も知る事なくおりました。ある日玉光大神様が、

『藤原靖三に、東京におる吾の社の御霊代《みたましろ》を島へ持参するように申せ。藤原が東京にいては命が危い。すぐ呼び寄せるように。』

との御神言に、この由をお手紙に認めて送りました。すると藤原氏も、あの大変な混雑の中を、無事に御霊代のお供をして来て下さいました。その時、大神様が、

『藤原、御苦労であった。そちの命があやういので呼び寄せたのだ。早く東京を引き揚げ、そちの郷里へ帰れ。』

と仰せになりました。前にも御神言があって、

『そちの伜は今、家を建てようとしているが、今建てても無駄なことだ。それより郷里の播州に帰って家屋敷を求めておけ。今に郷里へ帰るようになる。』

と仰せられた事が御座いました。その時、氏は、

「神様の御言葉では御座いますが、私は国を出て来て四十二、三年にもなります。それ以来一度も帰郷したことは御座いません。今更あんな片田舎へ帰ってみても、食べてゆくこともできません。折角ですが、こればかりはお許し頂きます。」

と言われますと、

『そうか。不びんな者よ。』

と仰せになったままお昇りなさいました。私は今、その時の御神言を思い出し、藤原様が一日も早く郷里へお帰りなさいますことをお奨めしてお帰り頂きました。

戦後、氏が再び島へお詣りになってのお話には、

「お代様、私程、大神様にお助け頂いた者が他に御座いましょうか。今度という今度は身に泌みました。実は神田の伜の家で大空襲に遭いました。荷物も何も皆、道路へ出しました。神様から頂きました藤の寝椅子も外に出しておりますうち、火事になり、皆で逃げて行きました。落ちついてから見ますと、家も荷物も丸焼けになっています。ところが、その中に寝椅子だけが残っています。不思議なことにどこも焦げておりません。頂いた時のままで御座います。余りの勿体なさにそこへ坐って椅子を拝み、玉光大神様の偉大なるお力、深い御慈悲を目のあたりに拝み全身がふるえて参りました。そこで、私はこの椅子をどうしようかと思いまどいました。この事を子孫に伝え、椅子は家宝として残しておきたいと思いましたが、あの頃のことでどうにもならず、焼け跡の屋敷へ入れて、私はその日のうちに郷里へ帰るべく自転車へ乗って東京をたちました。やっと播州へ帰り、今では社《やしろ》町の持宝院様の借家に住みつき、お灸を致し、患者もボツボツみえるようになりました。ある日、持宝院の老僧様にお代様のことをお話致しましたところ、『是非、お連れするように』と申され、今日は御礼がてらお供しに参りました。」

と申しておみえになりました。前にも書きましたように、この時大神様のお許しを得て播州へ参り、上京の準備もできましたので、博を連れて昭和二十二年の春、再び上京致しまして、今日に及んでおります。

夫婦は一つの鯛（一体）

参道の頃、池田重信氏御夫妻が熱心にお詣りしておいでになりました。ある日、御夫妻が鯛をお供えにお持ち下さいました。その時、大神様が、

『池田重信。吾がこれから夫婦のあり方を教えてとらす。よく聞くがよい。』

と、お供えなさいました鯛をお示し遊ばされ、

『夫婦というものは一つ鯛（一体）でなくてはならぬ。一鯛（一体）と申しても、対立した一つ体では駄目ぞよ。並立した一つ体でも駄目だ。妻は夫の後に従って一つにならなければならぬ。一つの中へは誰も入り込むことはできぬ。夫婦で家庭を持ち、その家にたとえれば夫は家の大黒柱だ。家の大黒柱は一本のもので二本あってはならぬ。妻は下の土台石である。いかに大きく立派な大黒柱でも、下の土台石をのぞけば倒れてしまう。又、大黒柱の上に土台石が乗れば、柱は折れてしまう。あやまって火災を起こし、柱は焼けても、下の土台石は焼けぬ。それ程妻という者は強く家にとって大切な者ぞ。妻の役は土台石のように、重く、意志（石）は堅くなくてはならぬ。一寸やそっと人に動かされた位で、その場を離れてはならぬ。これ程大切な妻の座を忘れておろそかにしてはならぬ。まして人に譲ってはならぬ。妻の働きが外から見えるようになった時は、家はどのような状態になっているか、よく考えてみよ。屋根は飛び、壁は落ち、柱は傾いて家の役目をなさない時、土台石が見えてくるであろう。家が立派に建っている時は、これ程大切な土台石の働きも、外目には分からぬものだ。妻は、働きを、外目に分からせぬよう愛の力で夫を支え、じっと、堪えてゆくものぞ。そち達夫婦は今、あぶない時期に至っている。少しの嵐にも倒れそうじゃ。今、吾が申した事を心に留め、早く補強しておかぬとこの家は永く保てぬぞ。』

とのお諭しが御座いました。その後、池田氏は酒をふっつりとおやめになり、お体も健康になられ、お二人仲もお睦じくおなりなさいました。お二人揃ってお詣りなさいましても、お楽しそうで私達も嬉しく拝見致しておりました。

ある日、氏が足に包帯をしてお詣りになりました。どうなさいましたかと、お尋ね致しますと、「お代様、今、家で不思議な事が起こりましたので伺いに上がりました。実は、今日は日曜日ですので朝から家内と家の整理を致しておりました。すると、池田家に伝わる宝刀が出て参りました。私は一休みしようと思い、縁側で椅子に腰をおろして、その刀を抜いて見ているうち、手からすべって私の右の足にずばりとささり、縁の板にまで突き通りました。私はその時、さっと引き抜きました。ところが不思議な事に血が一滴も出ません。家内を呼んで消毒をさせ、一応包帯《ほうたい》だけ致させました。歩いてみても痛くなし、血も出て参りませんので、早速お伺いに上がりました。何か私達夫婦にお知らせ頂いているので御座いましょうか。」とのお話で御座います。渋谷の大向通りからお歩きになってみえたのに、血もにじんでおりません。早速大神様へ御礼申し上げますと、大神様がお出ましになり、

突き通った宝刀

『池田重信、道を間違えると、一刀両断にするぞよ。清和源氏の流れを汲む池田家を継ぐそちは、先祖の名を辱しめぬよう、名をなして行けよ。それが先祖の願いだ。心して行け。今、そちが勤めている所の役目は大切な役目だ。おろそかにしてはならぬ。行ないを正して精進すればどんな奇蹟も現わして祐けてとらす。』との御神言が御座いました。氏は感激の余り、嗚咽していられました。大神様が御昇天の後、池田様が、

「お代様、有難う御座いました。私は初めて神様のあることを知りました。私は実は、池田家に幼い時養子に参りました。他に子供が御座いませんので母親から可愛がられ、我儘一杯に育てられました。家柄が良いところから、村の人達からも大切にされました。両親も、私を一度も叱ってはくれませんでした。今、初めて神様は私を叱って下さいました。私は自分のしていることを不満に思いながら暮らしているのに、誰も私を叱ってくれません。それをよい事に、私は増長しておりました。これからは一切を改めて仲良く暮らして参ります。」

と申され、大神様へお誓いして帰って行かれました。酒の為氏が会社を失職なさいました時、玉光大神様のおはからいで陸軍省へお勤めなさいましてからは、お人柄が違ってみえ、陸軍省の方々も、こんなに真面目な人は珍しいと申されておいでで御座いました。

神様に頂いた処方箋

ある日、氏が胃潰瘍で血をお吐きになって、お倒れになりました。奥様が私を呼びにみえましたので、清光さんと大急ぎで参りました。昨日迄あんなにお元気でお二人揃ってお詣りなさいましたのに、今お顔を拝見致しますと、まるで死人のようにお見受け致しました。私がお加持を致しておりますうち、大神様が御降臨遊ばされ、

『代よ、今、絶対に身体を動かしてはならぬ。早く御飯を軟らかく炊き、それを布に延ばして包み、お腹へ巻いてやれ。そして番茶に塩を入れて飲ませよ。本人が喝きを訴えたら何度でも飲ませるがよい。今は別状はない。安心して養生せよ。一週間は絶対安静でおくことと、野菜スープ以外の物を興えてはならぬ。他の物を興えても、胃の負担になるだけで身体の為にならぬ。後は医者の言葉に従って手当をせよ。』

との御神言に、氏も私達もほっと致しました。早速御神言のように手当を致して差し上げました。奥様に御神言をよくお守り下さいますように申して帰りました。それから毎日お加持を致しにまいりました。陸軍省からみえた医者の言われるには、氏が胃潰瘍を患われる事はたびたびらしく、

「今度は出血がかなりひどいので、身体の衰弱も激しく、私には生命の程は受けあえぬ。この様子では、今日、明日かも知れぬ。」

と、奥様へそっと耳打ちして帰られましたそうで御座います。奥様がお詣りになって申されますには、

「私は大神様のお言葉を伺っていなかったら、あわてて遠い親戚なぞを呼び寄せ、大騒ぎを致し、主人を安静

にするどころではなかったと思います。」

と申していられました。

それから一週間目の朝頃、参道に池田氏御夫妻が立っていられます。庭先からお声を掛けますと、

「ここまで歩いて参りましたが、矢張り少し息苦しいので休んでおります。」

と申していられます。私は言葉も出ませんでした。昨日お加持に上がった時は、今日起き上がれる御容態ではなかったのに、大神様の御力は申すまでも御座いませんが、池田氏の意気と申しましょうか、御意志のお強いのに驚きました。全く敬服致しました。私はこの時、人間というものは、神様によって生かされている、しかし、自分自身の意志によって動き働いている。神様は私達を間違いのないように護って下さってはいるが、物事を行なうのは自分自身だという事がよく分かりました。どんなに尊い御神言を頂きましても、信じて行なわなければ何の役にも立たぬことを深く知りました。池田様も、大神様の御神恩に答えるように致しますと申されて、二週間後には、霞ケ関の陸軍省まで電車に乗ってお勤めに出られました。陸軍省の医者も驚いて池田氏の無法をたしなめ、早速レントゲンをとってみられました。それによりますと、傷はきれいに癒えていたそうで御座います。医者が、貴方はどんな手当をして、こんなに早くよくなったのか。これは奇蹟だ奇蹟だと言って、他の方にも写真を見せて話されたそうで御座います。そこで池田氏は、先ず、自分が信仰していることをお話になり、今度の病気に神様の遊ばしたお手当の事や、食養生、倒れて一週間過ぎた後から、毎日小芋をゆでて五つずつ喰べられたこと、豆腐を半丁程と、野菜スープと、鳥のスープをコップに一杯交互に飲まれたこと、更に、

「これからはお粥の中へお餅を一と切れ入れて軟らかくたいた物を、二週間の間喰べる事になっています。二週間過ぎたらお餅を二切れ入れて、三ヵ月間喰べよとの事です。私は堅く信じて実行致します。」

と申されますと、その医者が、そのやり方は全く胃病に適したやり方で、小芋のヌルヌルが潰瘍を包む作用をしているのだろう、お餅を軟らかくたいて喰べるのは栄養にもなるし、傷もいためないだろう。何にしてもよい方法だから続けておやりなさいと言って、励まして下さったそうで御座います。右のような御養生で間もなく御全快なさいました。

足りなくなったお餅

この御養生中、私達も大神様へお餅の御供えが御座いましたら、お下がりを急いで持って参りました。ある日もお持ち致しますと、

「丁度なくなったところで、どうしたらよいか、戦時中の事でこの先を心配していたところで御座いました。本当に有難う御座いました。」

と大喜びして下さいました。ある時も、御郷里の方がお餅を沢山持って来て下さいましたそうで御座います。日頃は旦那様のお薬になるお餅と思われて、奥様は一切れもお上がりにならなかったそうで御座いますが、沢山お頂きなさいましたので、お好きなお餅だそうで、二つだけ旦那様のお留守に召し上がったそうで御座います。ところが大神様から、

『後二週間したらお餅は喰べなくともよい。常の御飯を食してよい。ただし、わさびや胡椒なぞは絶対に食してはならぬ。堅く守れ。』

との御言葉が御座いました。奥様がお家に帰られてお餅の数を数えて御覧になりましたところ、奥様が召し上がった二つだけが、お示しのお日までの数に足りなくなっていたそうで御座います。大神様へも旦那様へもお詫びしましたと申しておいでで御座いました。あの戦争の中をよくあれまでに旦那様へお尽くしなさいましたと思いました。お二方様共に心を合わせて御神言をお守りなさいました。その誠実が大神様に通じて、さしもの大病も

あんな短期間にお治りなさいましたので御座いましょう。その頃氏は四十七歳位かと存じますが、七十八歳迄御長寿なさいました。

養子を諦める

氏は常に、

「池田の家の者は短命で子供がなく、自分も養子だし、自分達二人の仲にも子供がないので養子を貰わなくてはならないのですが、今迄二人程貰いましたが死んでしまいました。一人は養子に決めただけで家に引き取らぬうちに亡くしてしまい、可哀そうな事を致しました。今度は大神様へお伺いして決めたいのですが、家内の弟が一人おりますのでそれを貰いたいと思っております。いずれ改めてお伺い致します。」

と申しておいでになりました。氏からそのお話を伺って間もなく、弟様は応召されて南方へ行かれました。氏は、

「私はもはや、池田家の後を継ぐ人の事は考えません。こうして三人迄取られてしまいました。何も彼も大神様におまかせして、只、罪障消滅を祈って参ります。私自身の事を思いましても、池田家を継いでも幸せに行くとは思われません。」

と申しておいでになりました。玉光大神様も、

『後々の事は吾にまかせて精進しておれ。』

との御神言に、氏も御安心なさいました。私達が島の御本宮に帰りました後、昭和二十年五月二十三日の空襲にお遭いになって、お家は全焼しましたが、お二人は御無事で福島県の相馬へお帰りなさいました。お帰りなさいましてからも、お宮へ度々、遠い福島からお二人でお詣りなさいました。池田氏が御死去なさいましたので、奥様お一人の御心を思い、宮司と二人で福島へ参り、後々の事なぞ御相談にあずかり、奥様の弟御様とも御相談致しまして、奥様の老後の御幸せをはかり、御上京をお奨め致しましたが、相馬のお宅で旦那様の御身内の方を

方で御座います。

お世話なさりながら終わりたいと申されて、相馬で淋しくお暮らしになっておいでで御座います。本当にお偉い

玉串のお諭し

これから書きます事は、明治神宮前におりました頃の私の体験で御座います。清光さんと二人きりで心静かに修行致しておりました。祭典の時の準備なぞ致します折にも、一人で静かに準備ができ、玉串も私が作っておきました。祭典の時、玉串奉奠をなさいます信者の数と玉串の数がいつも同じで御座いました。ところが、今日は日曜日だから参拝の方が多いかも知れぬと思い、多く作っておきますと、常よりお詣りの方が少のう御座いました。その時、大神様が、

『代よ、吾のことをする時は、只、一心にそれだけを致しておけばよい。そうすれば吾が玉串の出来ている数だけを呼んでとらす。無駄な心遣いをするな。』

とのお叱りを受けました。ある日、玉串も出来上がり、定めの場所へ置いて下がろうと致しますと、玉串が私の袖に引っかかり、落ちてしまいました。私はそれを捨ててしまいました。そして祭典に掛りますと、玉串奉奠の折、その一本だけ足りません。後で大神様にお叱りを受けました。

『吾の言葉をおろそかにしてはならぬ。あの時、なぜ一本おぎなっておかぬ。何事をするにも親切心がなくてはならぬ。代の親切な心遣いがあったら、一人だけ取り残される者はなかったであろうに。』

と仰せられ、懇々とお諭しを頂きました。一寸でも心に緊張を欠きましたら、思わぬ手違いが起こり、神様へも信者の方々へも迷惑を及ぼすという事がしみじみ分かりました。御言葉のように、何事をするにも親切な心で、することだけ一心にしていれば、結果は神様まかせということに心が至りました。何をしても、親切でないという事は、中途半端なものが出来上がるもので御座います。よくよく心して参ります。私はこのような尊い体験の

数々をさせて頂き、心を清め、身を清めて今日までひたむきに参りました。

お祭りは神様への感謝の為

五月の月並祭の時で御座いました。総代の柳田毅三氏のお詣りが遅いのでお待ち致しておりますうち、三十分お祭りの時刻が遅れました。氏が席に着かれましたので、早速お式にかかりましたところ、玉光大神様が御降臨あらせられ、

『代よ、吾の方の祭事はもはや済んだ。供物は皆下げるがよい。この祭事は誰の為に行なっているのか。信者の為か、吾への感謝の為か。吾への為なら、信者が一人も参らずとも、定めた時刻には祭りを行なえ。吾は定めの時刻に神々を招いて祭り事を行なっているのだ。代の方も時刻をたがえてはならぬ。』

ときついお叱りを受けました。信者がお驚きの中を、供物を下げてお詫びのお祈りを致しました。すると、大神様から信者の方々へもお言葉が御座いまして、皆様納得して下さいました。この後を改めてまいるべく、皆でお誓い致しました。それからは、三分も時刻をたがえた事は御座いません。ところが私が大手術致しましてから、体の調子が狂い、お下《しも》が近い為、少々の時間のずれはお許し頂いておりますが、勿体なく申し訳もない事で御座います。

つながったお地蔵様の首

その頃、牛込矢来町にお住いの浜田蔵吉氏と申されるお方が、お嬢さんを背負ってお詣りなさいました。「実は、この子供は七歳にもなりますのに、重い小児麻痺で、今日まで休んだきりで御座います。今迄医者にも見せ、種々な手当てを致しましたが、何の証しも御座いません。困っておりますところへ、こちら様のことを伺い、今日は子供を連れて思い切って参りました。どうかお助け下さいませ。せめてこの子が坐れるようになったらどんなに喜ぶだろう。私達もどんなに楽かと思います。この子の為にならどんな事でも致します。」

と言っておいでで御座います。

「お気の毒に、今日迄どんなに御心配なさった事であろう。」

と思い心からお祈り致しました。すると、氏の祖先のお婆様のおみたまがお出になり、

「私がこの子に知らせております。私は吹上の観音様の御境内にお祀りしてあるお地蔵様へ、いつもお詣りしてお助け頂いておりました。ところがそのお地蔵様の首が取れて、お寺の床の土台石になって、埋もれておいでになります。勿体なくて勿体なくて仕方がないので、何とかしてもとのようにお祀りして差し上げたいのです。その為、お前の娘に知らせている。」

と言っておいでで御座いました。大神様に、どうしたらよいものかお尋ね致しました。

『このばばの霊が申す通りじゃ。そち（浜田）はこれから寺に参り、吾が申す通りを伝えて参れ。「私はこの頃、毎夜のように夢を見ます。その夢の中で祖先のお婆さんが出て来て、お前は吹上の観音様へ行ってお地蔵様の首が取れていること、御身体は土台石になっておいでになること、このままでは今にお寺もつぶれてしまうと申します。初めのうちは気にも致さずにおりましたが、毎夜の事で、これはただごとでないと思って、今日はお叱りを受けることを覚悟でお尋ねに上がりました。一度お調べしてみて下さい。」と申せ。』

との御神言が御座いました。氏は翌日お寺へお詣りになって、御神言の通りをお話しなさいますと、お寺様も驚かれ、

「そう聞けば、寺にも余り良い事が無い。」

と申されて、方々お探しになりました。氏も一生懸命探していられるうち、お墓所の片隅から大きなお地蔵様の首が出て参りましたそうで御座います。さて、胴体はどこにあるだろう、とお探しになるうち、納屋の土台石を御覧になると、正しくお地蔵の御身体なのに驚かれ、御住職も面目なげに、氏に、御自分の粗忽をお詫びされ、

早速もとのようにお祀りしておきますと申されましたので、氏は一切の費用は自分にさせて頂きたいと申してお帰りになりました。教会へお詣りになってこのお話を伺い、私達も驚きました。玉光大神様に御礼申しておりますと、お婆様の霊が出てみえて、

「これで安心した。私もこれで成仏できる。」

と言って喜んで上がられました。それから三日後、浜田氏がニコニコ顔でお詣りなさいました。

「お代様、娘の首がすわりました。今朝、娘を抱いてやろう致しますと、ちゃんと首がすわっています。いつもなら首が後に倒れて、重くて抱きにくいのですが、今朝は、すわっております。嬉しさに涙が止まりませんでした。いつもは何の感情も現わさぬその娘が、今朝は、嬉しそうな表情を致しておりました。家内と二人で顔を見合わせ神様へお礼申しました。家内はいつも、『お父さんが又違う神様を拝むようになった。どこへいって拝んでも、この子の病気がなおるものですか。いい加減にあきらめておしまいなさいね。私はとうにあきらめていましたよ。お詣りする暇に家の事をします。』と言ってこちらへもお詣りせずにおりました。流石に家内も、明日はお詣りに来ると申しております。私はこれらお寺に参り、お地蔵様へお礼申して参ります。」

と言ってお帰りなさいました。お寺へ詣られた浜田氏が、お住職に、お嬢様の首がすわった事をお話しなさいました。お寺でも、お地蔵様の首がつけてあったそうで御座います。

「私が先き頃お詣りして、夢を見て参ったと申しましたが、実は、神様のお告げでお詣り致し、お願いした次第で御座います。」

と、氏はこれ迄の大神様のお話をなさいました。御住職も、自分こそ、その神様へ御礼を申し上げねば済まぬと申されて、日ならず御礼に詣られました。その時、大神様が、そのお住職の不心得を懇々とお諭しなさいまし

た。住職も深く恥じ入り、再びあのような不敬のないように致しますとお詫びしてお帰りなさいました。大神様のお言葉で、その後、観音様の御境内にお地蔵様をお祀りなさいました。そして、三ヵ寺の住職をもって大法会をおさせなさいました。その為、観音様の御堂の修理や、畳替えに至る迄、全部の費用を浜田氏がお持ちになるようにとの御神言で御座いました。大法会の時、御住職から御招き頂きましたが、大神様が、

『代よ、そち達は参ることもあるまい。花は他人に持たせてやれ。他から見ているのも良いものだ。手もいらぬし、落とす心配もいらぬ。』

との仰せに、私達は辞退致しました。その後、私達も浜田氏と御一諸にお地蔵様へお詣りしました。御嬢様の御病気は、めきめきよくなられまして、伝い歩きをなさるようになりました。それから間もなく、外へ走り出られるので、親御様の方が却ってお案じになる程でした。学校へは一年遅れて小学校へ上がられました。女学校へ上がられる頃には、運動の選手になってで御座いました。こんなにお元気になられたお嬢様が、お地蔵様へお詣りなさいますので、村の評判になり、お地蔵様へもお詣りが多く、お寺も栄えて参られました。

ある日、お住職が詣られて、

「大神様のお話を、鎌倉の建長寺の管長にお話して、このお観音様を書いて頂いて参りました。お納め下さいませ。」

と申されます。私の為にお書き頂いたと申されますので、御辞退もできず、記念に頂いて、私の部屋の床に掛けて御座います。拝見するたびに、二十五、六年過ぎた今尚、あの時の浜田様のお喜びが目に見えるようで御座います。しかし人は皆、喉もと過ぎれば熱さを忘れる、のたとえのように、今はお詣りにみえません。吾も人も神様へは身勝手な事ばかりと存じ、深くお詫び致している次第で御座います。

玉光大神様、どうかお許し下さいませ。そしてお護り下さいませ。　合掌

（昭和四十年十二月十五日）

二、自然社のこと

人は己が知る知らぬにかかわらず因縁のままに死んで行く。併し、一度神力を得て神の御示しに従い、修業して行けば、必ず因縁を超えて幸せになることができるということを知って頂く為に筆をとりました。大神様の深い御慈悲、広い広い御心により、私のような者が、宗派を超えてお祈りと、お導きをさせて頂いて来ました。それは、元の「H教団」の分かれで、S社という教団の事でございます。

私の尊い体験として、その教団に関して体験いたしましたことを、ここにしたためます。

H教団の解散

御心も知らずに

昭和八年、私が小豆島で玉光大神様のお社を建立させて頂きました。丁度その頃、大阪の布施町に、H教団の大殿堂が建立されておりました。ある日、村の人が詣り、

「先生、今大阪のH教団で、立派な殿堂が建っています。千畳敷もあります。自分はそこの神様を信仰してお

りますが、あんな立派なお宮へお鎮まりになる神様は、さぞ偉い神様でしょうな。」

と聞かれます。

「それはそうでございましょうね。」

と相手のお話を聞いておりますうち、大神様の御言葉があって、

『代よ、神には立派な宮も、位もいらぬ。ただそち達人間を救う為の方便として、位も付け、立派な宮も建てているのだ。吾も必要になれば、どんな立派な宮でも建てる。決して人の言葉にわずらわされて、無理な思いや無理な事をしてはならぬ。初めの無理は必ず終わりまで続き、苦しむことになるのだ。H教団であんな立派な殿堂を建てているが、あの無理がたたり、二、三年のうちには教団が解散するようになる。』

との御言葉が御座いました。その頃は大神様の深い御心も知らず、おろかにも、他の教団で何事が起ころうとも自分のあずかり知らぬことと思い、深くは心にも留めずにおりました。

顕われた御神言
(H教団の解散)

それから三年後の昭和十一年九月にH教団は解散になりました。その頃、姉が病気のため私は上京しておりました。看護のかたわら姉の知人から乞われるままに御神占をたてておりますと、つぎつぎに願われる人があるので、やむなくお祈りを致しておりますと、八月の中頃に柳田毅三氏が詣られ、

「私は今、ある教団の依頼を受けて満州の金山を堀っております。ところが教団からお金が出なくなりました。そこで他に売るか、金主を探すか致したいのです。もし、売るならば百万円位には売りたいのですが、いかがでしょうか。」

と申されます。御神言では、

『その教団からは、もはや金は出ぬ。出しても十万円位である。売るとなれば、最高五十万円と思え。そちの

申すこの教団は、近いうちに解散になる。早く手を切らないと、大変な事になるぞ。』

との御言葉がございました。この御神言に、私はハッと致しました。もしかしたら「H」ではあるまいか。もしその教団ならば、三年も前にこれと同じ御言葉があったので、そのことを柳田毅三氏にお伝えしました。

「御神言のように早くなさいませ。」

と申しますと、急に柳田氏が不愉快そうな顔をなさいまして、ろくに挨拶もなさらず、帰って行かれました。

『代よ、相手がどんな態度に出ても、真実を曲げる事はできぬ。そちも決して曲げて伝えてはならぬ。今に分かる時がくる。一時解散はするが、後にこの教えは三つに分かれて、それぞれに道を説くであろう。』

と御言葉がございました。

九月の末頃、柳田氏の奥様が、顔色を変えてみえ、

「お代様、大変なことになりました。御神言の通り、H教団に警察の手入れがございまして、主人は今、満州の警察に留置されております。金山のことでお調べを受け、毎日ひどい体刑のために、だんだん身体も衰弱してきてどうにもならぬ、と申して参りました。厳しい警察のお調べの中から、どうしてこの手紙が出せましたのでございましょう。これも皆大神様の御護りでございます。手紙で主人が申しますには、『過日、お詣りした時、お代様に大変無礼な態度をとったことを深くお詫び申し、この苦しみから一日も早く逃れられるようにお願い申し上げてくれよ。』と言って参りました。何卒主人をお許し下さいませ。実は主人が先日お詣りをして帰って申しますには、『お前がよくあたるという神様へお詣りしたら、H教団が近いうちに解散すると言われ、私は実ににがにがしく思った。あの教団が解散するなぞと、嫉妬もはなはだしい。お前はいつもあそこへ行くようだが、この後いっさい出入りしてはならぬ』と言って、満州へ旅立ちました。そのため今日まで一度もお詣りせずにお

りました。何卒主人の暴言をお許し下さいませ。そして神様にお願い申して下さいませ。一日も早く主人をお救い頂けますように。」

と申されお詫びしておられます。矢張り教団にお手入れがあって、信者の方々のお苦しみ、それにも増して教祖の御心痛、神様の御嘆き、過去のいろいろの御神言を思い出し、玉光大神様に、国家的な大事に至りませぬようにと、心ひそかにお祈り致しました。

大神様の御慈悲により、柳田毅三氏も間もなく無事に帰京なさいました。御礼詣りに見えてお話を伺いますと、警察では想像もつかぬようなひどい目にお遭いになりましたそうでございます。両手を後手に縛り上げ、水道の蛇口から口に水を流し込み、気絶する迄呑まされなさいましたそうでございます。それが毎日続き、気が狂いそうだったと申され、それはそれは言語に絶したむごい仕打ちだそうでございます。

「これも皆、私の思い上がった心故でございます。田舎から出て来た名も無い一女性の口から伝えられる言葉とたかをくくり、神の御声とも思わず、おろそかにした罰でございます。どうか不敬をお許し下さいませ。人はとかくに表面に現われた事だけで物事を判断し、決めてゆくのですが、それは大変な間違いで御座いました。これからは、よくよく気をつけて参り、二度とこのような不敬なあやまちはおかしません。」

と言って、深く詫びて帰られました。その後、友人の北島氏とお詣りになり、金山の事を種々お伺いになり、売ることになさいました。初めの御神言通りに、五十万円でやっと売れたそうでございます。あの御神言があった後、教団からは九万八千円余り出ていたと申していられました。

腹を切れ

その後、姉もむなしくなりましたので、いったんは小豆島へ帰ろうと思いましたが、中央で道を説けとの御神言により、明治神宮の表参道にささやかな教会を持ちました。H教団の東京支

部に近かったことからと思いますが、解散後のお道の信者、藤谷三郎氏、土井永市氏、森園豊吉氏、橋本郷見氏、とつぎつぎお詣りになりました。ある日、湯浅竜起氏と土井永市氏がお詣りなさいました。私は生憎病気で休《やす》んでおりました。休みと聞かれ、お二人が帰ろうとして玄関に出られますと、教団では幽祖《かくりおや》様と申していられます金田徳光様の御霊が降られて、大声に、

「お前達は何をうろたえているのだ!! 腹を切れ!! 大勢の信者に迷惑をかけてどうしたことだ。道の為になら腹を切る位の覚悟でおれ!!」

との御言葉にお二人も驚かれ、あらためてまた参りますと言って、早々に帰られました。後に土井氏から伺ったことですが、

「あの時は驚きました。急に大声で、『待て!!』と呼び止められ、奥の部屋で何か大声にどなっておられるので、誰か気狂いの人を預っておられるのだと思っておりましたが、清光先生にお話を伺って二度びっくり。何だかよく分かりませんでしたが、只々、畏まって伺い、早々に帰りました。今思うと勿体ないことでございました。」

と、氏はその時のことをしみじみ詫びていられました。

湯浅真生氏（不敬罪と「人間の発見」）

ある日、森園知子様がお詣りになり、

「私は湯浅真生祖《おや》様を是非御紹介申し、大神様のこの尊い神業をお知らせ申し上げたい。」

と、言って種々お話をしておいでになりますと、

『湯浅真生が、只一介の湯浅になれたら詣れと申せ。』

との御神言がございました。この御神言を湯浅真生氏にお伝えなさいますと、氏も感動され、間もなくお詣りになりました。大神様から種々とお言葉がございました後、

『湯浅真生。何事も吾にまかせて安堵しておれ。今日までのそちの誠にめでて罪には落とさぬ。まして不敬罪なぞ。』

と仰せになりました。湯浅氏も大変に喜んでお帰りになりました。ところが、どうしたことか、その翌日、昭和十八年二月二日、その日から肺炎になられ、一時はお命もあやぶまれました。余りにも突然のことに、森園知子様も御心配のあまり、日参して御全快を祈っておいでになりますと、

『湯浅真生はあれでよいのだ。真に、神を知り、神に近づかんとする者は、生死を超えなければ、吾に近づき仕えることはできぬ。心配致さなくともよい。今に全快し本人に分かる時が来る。』

との御神言に、森園様も安心してお帰りになりました。

「私がお連れして参り、翌日からこのような大病におなりになって、今、祖様にもしものことがおありなさいましたら、私はどうしたらよろしいのでございましょう。」

と申されますので、

「神様はきっとお助け下さいます。湯浅氏も、教団の解散のため、重なる御心労にお疲れがおでになったのでございましょう。何にしても私達には、はかり知ることのできぬ大神様の御心。只、おまかせして御全快をお祈り致しましょう。」

と申し、ひたすらお祈りしておりました。その後、間もなく御全快なさいました。御全快後は度々お詣りになり、御神言のままに教団の為お尽くしなさいました。その年の八月、御神言によって湯浅真生氏や土井永市氏、その他H教団の信者の方々と、必勝祈願に讃岐小豆島へ霊場巡拝に行きました。

明日はいよいよ教団の裁判があるという日に、湯浅真生氏と土井永市氏がお詣りになりました。すると、

『清光、二人の者に新しい肌着を出して持たせよ。明日はその肌着を身につけて行け。そち達はその肌着のように、白く身の潔白を正してとらす。安堵して参れ。』

との有難い御言葉を頂かれました。皆様も御存知のように、敗戦のため日本の憲法が改正になりました。そのため、H教団が問われていた不敬罪という罪名はなくなりました。玉光大神様の御神言の通り、湯浅真生氏を始め起訴された教団の方々は、何の罪にも問われず、従って刑にも服されずに済みました。これも皆、湯浅真生氏が毎日、

「自分はとも角、大勢の信者にこの上の迷惑を及ぼさぬように。」

と祈り続けておいでになったその尊い祈りの現われと存じました。

その頃から湯浅真生氏がお道のために書き残そうとしていられた『人間の発見』という本がございます。これこそ、玉光大神様の御広大なる御慈悲のもとにお書き上げなさいました尊い御本でございます。氏の亡き後、今もS社の教義の書として尊く残されています。当時は配給制のため紙不足でお困りの事を知り、土井永市氏とはかり、

『人類救済のため、またこの戦争の後に生きる人々のために役にたてる教書。』

との御神言でしたので、一生懸命にお世話いたしました。現在なお当時の粗末な原稿用紙が残っていると伺って、当時を偲び喜んでおります。

教祖の慰霊祭と教団支部のお浄め

丁度この頃、藤谷三郎氏を始め他の方々も大勢お詣りしていられました。ある日、森園知子様の発言で、亡くなったH教団徳一教祖様の慰霊祭をさせて頂きたいと申され、玉光大神様の御神前で皆様が慰霊祭をなさいました。この時、徳一様がお下がりになられ、

「吾のために祭事をしてくれて嬉しいが、吾は今、幽祖《かくりおや》るり徳光様のお怒りにふれて困っている。教団も解散のやむなきに至り、吾の不徳の致すところとは言え大勢の信者に迷惑をかけてすまぬ。どうか、信者の皆も許してくれるように。これからは皆のために霊界の修業を積み、高い神の座になおり護ってゆく。許してくれるように。」

と申されて昇天されました。慰霊祭の後、藤谷千代様が、

「実は私達信者は教団にお金を貸しております。教団の方では東京支部の土地、建物が売れたら返済すると申されますが、一向に売れません。そのため他の人達も困っていられます。何とか早く売れますよう、お祈りをお願い致します。」

と申しておいでになりますと、玉光大神様が御降臨になり、

『そち達は今日迄、道のためにどんなに真実を尽くして来たか、おぼえているであろう。中には主人の金をへそくってまで神に奉り、教団に尽くして来たではないか。目先きの欲にかられ、永年尽くしてきた真実の心を嘘にしてはならぬ!! 今、皆が無理に取り上げようとすれば、教団の方でこの上の無理をするようになる。暫く時を待て。吾が必ず与えてとらす。そち達は知るまいが、この教団の支部のある所は、その昔戦のあったところで、多勢の人が憤死しており、近くは大名屋敷で、これまた人の恨みをかうような事が重ねてあるので、多勢の霊がおのれの妄執を晴らさんとしてもがいておる。このようなところで永く栄える筈が無い。今日まで栄えていたことは、ひとえに神の加護によるものである。吾が浄めてとらす。』

と仰せられました。そして藤谷氏にお向かい遊ばされ、

『吾の代人をその場所へ案内せよ。』

とのお言葉に、藤谷氏が早速お浄めをお願いされました。私達は目立たぬようにと白衣を脱ぎ、乞われるままに、東京支部へお浄めに参りました。

「九州からこの支部を買い求めたいため参りましたので、中を見せてほしい。」

と申して、教団の中へ案内をして頂きました。内部をつぎつぎと見て廻り、大神様の御注意のあるところは立ち止まり、考えるふりをして、ひそかにお祈りを致して帰りました。その後、間もなく売れました。藤谷氏を始め信者の皆様も、思いがけなく早くお金が頂けたと申されて、お喜びでございました。この時も、たたりの恐ろしいことをしみじみ感じました。皆様も玉光大神様の御神力、御慈悲の程に感泣していられました。

老母と大神様の御慈悲

その後の私達は支那事変から大東亜戦争へと拡大して行く戦争のために、日本の勝利を願い、又一日も早く世界の平和がもたらされますようにと、それこそ祈りに祈りました。冬は厳寒の海に入り、又木曾の深山の氷る滝に向かい、寒さに祝詞も声に出ぬ程でございました。それでも心を奮い立ててはお祈りを続けておりました。そんな時は、大神様がお定め遊ばされた日迄は、どんなにきつくても山をくだることはできませんでした。又、行の間はどんな遠い所から（満州や青森から）御神占を頂きに詣られても、お許しが出ない以上、御神占は致しませんでした。

ある日、青森の方がみえられ、御神占をと申されます。この時も、御言葉によって、世界平和の祈願に入っておりましたので、どうしても個人のことのお祈りはできませんでした。どんなにわけをお話し下さいましても、大神様のお許しが無い以上、私はどうすることもできません。青森からはるばる来て、戦地にいられるわが子の安否を尋ねられます。それも只一言でよいと申されますのに、また、

「あなたは情けを知らぬお方だ。」

と言って、玄関の敷居にうつぶせて泣いておいでの姿を見ては、大神様にお願いせずにはおられませんでしたので、日頃の御厳しい御言葉も忘れて、大神様にお願い致そうと思いました矢先、

『大事の前の小事ぞ。帰すように。』

との御神言に、やむなく帰って頂いたことがございました。あの時の苦しかったこと、お年寄りのお悲しみ、おいとしかったさまが、今でもまならうらに残っております。後から大神様の御神言をお伺い致しますまでは、

「なぜだろう。神様なのにむごいお仕打ちだ。」

と、私までが大神様をお恨み申し上げたことでございました。知らぬ事とは言え、勿体ないことでございました。その時の大神様の御言葉は、こうでございます。

『あの老婆の伜はすでに戦死致しておる。今、それを教えれば、青森からはるばる東京へ出てまでわが子の安否を尋ねる程の者だ。戦死と聞けば、はたで慰める人もなく、おそらく国許へは帰らず途中の山で縊死するであろう。いずれは伜の戦死を知り、悲しむことであろうが、たとえ一度でも吾の所へ詣った者を、因縁のままに死なすことは不憫でならぬ。生き永らえてわが子の菩提をとむらわせ、因縁を解いてやりたいため、むごいようでも伜の戦死を知らさず帰すのだ。代もこれからは、人を見て法を説けよ。一時の感情に負けて、人の一生をあやまらせてはならぬ。』

との尊いおさとしを頂きました。人間は因縁を解く為に再生しているのであると、常にお諭し頂きながら、おろかにも感情に負けて、雪だるまの如く因縁を重ねて行く私達人間。自分ではよいことをしているつもりでも、神様の御目から御覧になれば、相手の人が因縁を超えるために一生にまたとないよい時を失わせているかも知れません。何というおろかな事でございましょう。ことある毎に大神様の深い深い御心に接し、おろかな自分を恥

じ入る次第でございます。大神様は常に我々人間の幸せのために、世界平和をもたらさんと思し召され、種々と御心をおくだき遊ばすその時、一個人のために、こんなにも御慈悲を垂れさせ給うのでございます。真に尊いきわみでございます。

S社の設立

S社開教の動き

昭和二十一年の春浅き頃、元H教団の信者、森園豊吉氏が詣られ、

「一たん解散になったH教団ではございますが、私はもう一度教団をおこしたいと思いますが、どうしたらよいでしょうか。」

とお伺いになりました。すると玉光大神様が御降臨遊ばし、

『真によいことぞ、早速橋本や湯浅にこのことを話し、共々に道の為に尽くせ。』

との御言葉でございました。そのことを橋本氏や湯浅真生氏にお話しになり、大神様の御指示を仰がれて、元H教団の中学校のあった場所（東中野桜ケ丘）に教堂をお建てになり、昭和三十三年四月に開教式をおこなわれ、宗教法人S社として発足されました。


その頃、森園豊吉氏の疎開先き鹿児島の草無田へ、

『お道の為に尽くすよう早く上京せよ。』

との大神様の御言葉を伝えるため、私達二人は、終戦直後のあの交通難をおかして鹿児島まで参りました。早速上京され右の運びになりました。

鹿児島の帰り道、かねてから、

「一度来てほしい。主人も無事に帰還しました。」

との手紙を度々下さっていた信者、平山つや様の所を尋ねて参りました。佐賀の小城郡に疎開しておられたので、途中汽車を乗り換え、知らぬ田舎道を雨の日に尋ね尋ねて、夕方やっとたどりつきました。門に尾形家の表札を見た時は、真にホッと致しました。

この家に奥様が私達の行くのを待っていて下さる、どんなにか喜んで下さることかと思いました。ところが案に相違して、青ざめた顔の奥様が浮かぬ顔で出てみえました。挨拶をしようとする矢先、御主人が出て来て大声に私達をののしられます。

「貴様達は、こんな所迄家内をだましに来たのか!! 帰れ!!」

と言って、私達を外へ突き出されました。

私達は外へ突き出されたことの意外に驚きました。この人の為に毎日無事帰還を祈っていたのか。奥様はあの戦争のさなかに二度も小豆島へ御主人の武運長久と無事帰還を祈りにみえましたのに、今、佐賀まで帰還のお喜びを言いに来たのに、と思いますと、悲しく腹立たしく、込み上げるいきどおりを押え、暫く雨の中を待っておりましたが、とうとう奥様も御主人にはばまれてか、出て来ては下さいませんでした。いつ迄待ってもおみえになりませんので、雨はつのるし、仕方なく雨の道を駅迄引き返しました。途中道ばたの家に二、三軒、泊めて頂くよう尋ねましたが、駄目でございました。あの頃のことで、うさん臭く見られるだけで皆断わられてしまいました。夜十時頃、やっと駅前の宿屋に着き、食事を頼みましたが、三十年前のあの当時のことで、何も無いと言って、断わられました。それでも休むところさえあればと思い、案内されるままに座敷に通り、濡れたリュック

を下ろし、中の物を出しましたところ、森園様へ私達の配給米を持って行きましたそのお米の包みが出て参り、びっくり致しました。奥様に差し出したお米をいつの間にかリュックの中へ入れておいて下さったのでございましょう。朝食事を頂いたきり、何も食べていない私達は、蘇生の思いでございました。おやさしい奥様のお心づかいに感謝し、大神様へお礼申しました。雨のため肌まで濡れておりますのに、リュックの中に入れてある奉書に書いた祝詞と、その時森園様から拝借した哲学の本だけは、ちっとも濡れておりません。祝詞は奉書に書いてございますから、一番よく水を吸い取るはずでございます。一諸にリュックに入れていた手ぬぐいや着替えは、しぼって手すりに干した程でございます。あまりの事に泣きました。大神様に泣く泣く御礼を申しておりますうち、御降臨になり、

『代よ、そち達はこれでよいのだ。決して怒ってはならぬ。只、信者の願いを聞いてやればよいのだ。今にこの因縁を解いてとらす。』

との御言葉がございました。幸い風邪も引かず、途中混雑の汽車にもかかわらず、無事に帰京致しました。

あの時の御神言に、

『今にこの因縁を解いてとらす。』

との御言葉がございましたが、その御言葉が今になってよくわからせていただきました。あれから十五年後に平山つや様の末の御嬢様と宮司が結婚致しました。この時大神様が、

『代よ、そち達はこの悪因縁が解けたら、再び人間界に生まれ出る事なく、神界において衆生を済度できるであろう。よくよく心して精進せよ。』

との御神言でした。

私が小豆島でおかげをいただきました当時、宮司の父親からも清光さんを誘い出して二人で俺をのろうと言われて、さんざん罵倒され、神棚からお宮をおろし、そのお宮を足で私に蹴りつけられました。私はその時、よおし、生涯をかけて、神様のあることをこの人に知らせてあげようと決心を新《あらた》に致しました。宮司の父親と言い、嫁の父親と言い、今はその人達の子供と私は親子になって、かけがえのない大切な息子と娘。この二人の父親からこのような目にあわされました。大神様からは、

『釈迦《しゃか》に提婆《だいば》のたとえもある、辛抱せよ。』

とお諭し頂きました。その頃は、大神様の尊いそのお言葉さえ理解できないようなおろかな私でございましたが、一筋にお言葉を守って参りました。今日になって、初めて因縁の恐ろしいこと、又、因縁を解くということが、どんなにむずかしく、大切なことかを知りました。過去世の因縁を解く為に、こうして母と子、清光さんとは師弟となり、お互いに真実を尽くしあい、愛しあって、初めて因縁が解けてゆくことを知りました。信者の皆様にも因縁を知って頂き、悪い因縁に打ち勝って、幸福な家庭を築き上げて頂くために右の事を書きました。どんな因縁も自分が持っているのですから、良い事が起これば手放しで喜び、悪い事が起これば他人のせいにして、怒り、悲しむようなおろかなことのないよう、常に大神様の方に向いて精進努力し、御因縁を解いて頂きましょう。このような目にあわせた人の娘が息子の嫁としてお宮へ嫁いで参りましたことは、因縁を解く為の尊いおはからいという事が分かりました。また一つには、里のお母様が苦しい中から玉光大神様を祈り続けられた永い信仰の御徳と思います。御主人様からどんなにぶたれ蹴られても、また、幸せを願うお子様方から非難をされても、祈り続けて二十余年、戦地で大勢の兵隊を指揮して御苦労しておいでの御主人様の武運長久の祈りは言うに及ばず、御子息様の御病気の時、御嬢様達の縁談のある度に、ぬけ詣りしては大神様へお伺いを立ててそれぞ

れに嫁がせ、今は六人のお子様が皆お幸せな家庭を持っていられます。ここにも母の尊い祈り、忍従の姿、因縁を解きその因縁を超えるために、自分の感情を捨て、尊い命をかけ祈ってこられました。清光さんと言い、平山様と言い、何事も堪え忍んで祈っていられる母の姿に打たれました。

『つまになれ』

脇道にそれましたが、九州から帰りまして、湯浅氏に、九州での大神様の御神言をお伝えいたしますと、氏も御感動なさいまして、お道の為に尽くすことを新たにお誓いなさいました。

鹿児島で森園家の御祖先祭をしました時、御神前に大きな鯛をお供えなさいました。大神様が森園氏にその鯛をお示しなり、

『そちのこれからの役目はこの鯛の刺身のつまだ。刺身を美味しく食すには、つまが大切だ。新鮮味を添えるにも、美味しく味を添えるにも、良いつまがいるものだ。良い家庭を持ち、子供を持って栄えるにも、妻が良くなければ望めぬ事だ。まして人の上に立ってお道を説く為には、教祖の人格も大切だが、そばに仕える者こそ大切な役目を持っているのであるぞよ。そちも吾があたえる刺身のつまの役目を忘れぬように、橋本や湯浅を大切に、お道（S社）の為に尽くせよ。そうすれば集まる信者が鯛の刺身を食べる時のように喜んで美味しく食べるであろう。美味しく食べた物は胃をこわす事なく、血になり肉となって長寿を全うする事ができるであろう。そちは決して鯛の刺身になってはならぬぞ。』

とのお諭しがございました。大神様はいつもこのように譬喩をもってお諭し下さいます。

御神意に背かれて

この尊いお諭しがあったにも拘わらず、ある時、お道のことで湯浅氏と森園氏とが意見が合わぬと申されて口論になり、森園氏は協力者の宅から畳を蹴って帰られました。居合わせた私達は意外なことのなりゆきに心を痛め、玉光大神様にお祈りしておりました。すると、大神様が御降臨遊ばし、

『お前達は何をうろたえているのだ。すでに覚悟が出来ていたのではないのか。道の為に何事も話し合った上でとり決めるようにせよ。その為口論になって別れてしまっては役に立たぬ。今、日本はどのような時代と思っているのか。敗戦の為占領下におかれ、人の心までが荒れ狂っている。それを静め、救う為に道を興したのではなかったか。今、内輪もめしている時ではあるまい。そち達がこれから行く道は今の日本のように厳しい道であるぞよ。二度とこのようなおろかな争い事をしてはならぬ。代も皆も心を静めて聞け。自分から神に誓いを立てた者が誓いを破り、背いてゆくと、その者の身の上にどのような事が起こるか今に分かる時が来る。今は何を言っても無駄だ。本人のなすままに致しておけ。』

と仰せられました。私達は湯浅氏をなだめ、その夜はそのまま帰宅いたしました。

その時、森園豊吉氏が帰ろうとして申されるには、

「自分は今、子供達を養育しなければなりません。その為には働かねばならぬ。十年もして子供達を立派に仕上げ、子供達が職についたその時には、隠居仕事にお手伝いに来ましょう。」

と言われました。ところが、そう申されて数日も経たぬうちに、氏は脳溢血でお倒れなさいました。その頃氏は杉並区井荻神戸町においでになりました。そこから氏の四男正彦様がお詣りになり、

「父が中風で倒れました。医者はもう駄目だと申します。私達が見ても父はもう助からぬと思いますが、何とかお助け下さいませ。」

と、涙でお願いなさいます。それを伺い、私はあの時の事を思い出し、氏に代わって大神様にお詫び致し、清光さんともども一心に氏のお命乞いを致しました。この日は十二月二十日でございました。御神言で、

『この者は二十三日が越せたら、十年は生きのびる。』

と仰せになりました。正彦様が帰られて御神言をお伝えなさいますと、御次男の俊様が、

「でたらめを言うな。この父が助かるものか。父が助かったらイリ豆に花だ。もしも助かったら、俺が東京中を逆立ちして歩いてやる。」

と言われたそうでございます。それ程重態のお父様が、二十四日に意識を取り戻されました。

それから九年間、全身不随で床についたきりでおいでになりました。その後私達もたびたびお見舞い申し上げましたが、お気の毒でございました。お倒れになってから九年間、氏は一度も立ち上がることなく、昭和三十二年一月二十日午前八時頃永眠なさいました。氏のこの時のさまを思い出し、私達は大神様のおきびしい面を知り、神に仕えんとする者は、御神言を堅く守り、常に謙虚な心で神にお仕えしていなければならぬことを深く悟りました。このような尊い体験をしながら、人情にほだされ御神言を軽んじて、取り返しのつかぬ事を致し、大神様にお詫び申し上げている私でございます。信者の皆様も御神占をお頂きなさいます前に、その事柄をよくよくお考えになった上で、頂かれた御神占は必ず実行に移せるお心構えが出来てから、お伺いなさいますように。本人が願われる御心のままに神業は現われて参ります。

御神言の確かさ

鹿児島へ参りました時、森園氏の近所の方でお親しくしておいでの東条様と申されるお方が御神占を願いにみえました。

「兄が病気で休んでいますが、なおりましょうか。」

この時大神様は、

『兄は今心配は無いが、そちの母親の身の上に来年の六月には一大事が起こる。』

との御言葉がございました。すると翌年の六月にお母様は御死去なさいました。お兄様の方は、その後三年程

して肺病でこれ又御死去なさいました。私は今日迄この事柄は忘れておりました。人様のこんな悲しい一大事を忘れては申し訳ございませんが、この原稿を書きます迄忘れておりました。ちょうど森園知子様がお詣りになりましたので、この原稿のお話を致しますと、この方様のお話をして下さいましたので思い出し筆を添えました。又不思議なことに、そのお嬢様が五日程前、森園様のお宅へみえて、二十年前のあの時のお話が出て、

「お詣りして母や兄に会わせて頂きたい。」

と言っておられたそうでございます。森園様も、

「時を同じくしてあの方がみえてお話が出るのは、みたまが呼んでいられるのでございましょう。お連れすればよかった。汽車の切符の都合もあって、又をお約束しておかえし致しました。本当に私達は何も解ってはいないのですね。」

と森園様も泌みじみ申していられました。

解っていないと申しますと、戦後、森園豊吉氏が九州でこの度御自分でお始めなさいます出版の事で御上京になりました時、橋本氏とお会いになり、先に書きましたH教団を再興しようというお話が出たので、お伺いに見えたのでございました。先に森園氏が九州へ疎開なさいます時、大神様が、

『そちたちは東京にとどまれ。疎開しても二年したら又上京するようになるから、荷物は入用な物だけほどいて使用し、他の物はそのままにおいておくように。」

との御注意がございました。氏はその時、

「私は鹿児島へひっこんで、果樹園でも作っていて老後の備えに致します。二度と東京へは出て参りません。」

と言って九州へ疎開なさいました。ところが二年経って、御神言の通り自然社を興す為に御上京なさいました。

この時にも、私はしみじみ、人は明日の事も分からぬ、御自分であれほど決心なさいましたことさへもこんなに変わって行かれる。神様は二年前から、氏の今日あることを御存じの上で御注意遊ばしていて下さったと悟りました。私達は何というおろかな事を繰り返しているのでございましょう。大神様は常に、

『とらわれてはならぬ。とらわれの心こそ、物事をこわすもとなのだ。代よ、大川の流れを見てみよ。常に水が流れている時は綺麗で、底が見えて、そち達も安心して近寄ることもできる。そのような綺麗な水には、鯉や鮎や可愛い白魚が棲み、人を喜ばし、情操を育てていく。とらわれの心は大川をせき止めて淀みを作るようなものだ。川にせきをする為に、汚物がそこに溜り、上から川底が見えぬ為、人も恐ろしくて近寄れぬ。そのようなところをすみかとして育っている魚は、どんな魚が棲んでいるか知っているであろう。形も悪いうなぎやなまず。これらの魚は、料理しても臭いが強く、他の物との食べ合わせが多く、一つ違えば命を失うこともあるであろう。このように他を受け入れない魚、人もこのように、おのればかりにとらわれていると、他人も寄りつかない、こわい冷たい人になってしまう。代も決してとらわれてはならぬ。鮎のように見るからにすがすがしく、白魚のように可愛らしく、そして厳としたところを失ってはならぬ。』

とのお諭しでございます。いつも人と調和を保って仲善くいくという事は、何より大切なことと存じます。私達も御神言を大切に守り精進致して参ります。

森園氏がお倒れになる年の三月、氏が教団を去られて間もなく、奥様が私の方へお詣りになって申されますには、

「昨夜私は夢を見ました。その夢が余り気持が悪いのでお伺いに上がりました。家の玄関に忌中と書いたすだれがかかっています。夢から覚めた私は胸さわぎが致してとても気持が悪く、今、家では主人や子供二人が熱を

出して休んでいます。何だか心配でなりません。何か起こるのではないでしょうか。」

とお尋ねなさいました。

『今は心配ないが、よく祈っておらぬと、年の暮にはそちの家からおとむらいが出るぞよ。』

との御神言でございました。その年の十二月二十日に御主人様がお倒れなさいました。医者にも見放されなさいましたが、前にも申しましたように、その時はお助かりになりましたが、あしかけ十年床についていられました。

みきすずのように

森園氏が教団を去られました後、改めて湯浅氏に大神様の御言葉がありました。

『橋本郷見と二人でこの教団（S社）を広めて行けよ。二人は神前の御酒すず（対の瓶子）のようなもので、どちらが欠けても教えの役をなさぬ。この事を心にとどめてお道の為に尽くせよ。』

との御神言がございました。お二人はこの時、玉光大神様に堅くお誓いなさいました。

ある時も湯浅氏と橋本氏でお詣りになり、S社の事でお伺いなさいますと、

『そち達二人の心が解け合っておらぬ。そち達は神前の御瓶子《へいし》（みきすず）のように、二人で一つの役目を致しているのだ。初めを忘れては、終わりを全うする事はできぬ。この事を忘れてはならぬ。そち達は今、お互いに自分の血に染もうとしている。神に召された者は、他の何事をしようと思っても成立せぬ。そち達二人は、前の世も、その前の世も、二人で道を説き、遂には捕われの身になって世を終わった者だ。このようなお互の因縁を果たさせる為に、一緒に道を説かせているのだ。しかるに今のそち達二人は、いつも我が血に迷い、反目しあっている。早く反省せぬと自分で自分を滅ぼすぞよ。』

との御注意がございました。後に湯浅氏は、S社から離れ、一派を建てようとなさいました。その時、

『代よ、湯浅が世を去るには三年程早いが、別派の名乗りを上げてからでは、S社から見放されて、遺族の者が困る。それで霊界に引き取り修業をさせることにした。』

との御神言がございました。間もなく御病気になられ、翌年一月十四日未明に御死去なさいました。このような事は奥様へも申し上げず、今日迄私一人の胸におさめておりました。森園豊吉氏と言い、湯浅真生氏と言い、私の修業のよき鏡でございます。この体験談の原稿を書いております時、用紙に血が付いてきますので見ますと、右の小指から血が出ています。切った覚えも無し、ひびも切れておりませんし、静かなうちに原稿を書こうと思い、不精して四時頃起き、そのまま筆を取っておりました。別に手を切るような事は何一つございません。筆をおいて、瞑想をしておりますと、

『代よ、吾子博にもよく伝え諭しておけ。血に染まぬよう、又、血で血を洗うようなおろかな事の無いように。』

との御神言でございました。私自身も深く反省致しました。玉光大神様は何時も私をこのようにお護り下さいますことの有難さに感泣致しました。

湯浅氏御逝去の際の奇蹟

あれから二十年、S社の為にお尽くしなさいました湯浅氏も、昭和三十年一月十四日の未明に御永眠なさいました。氏も、大神様を始め、S社にゆかりの神々に護られ、最も良い時期にお引き取り頂かれました。氏の御臨終の夜、宮司の眼が急に痛み出しましたのでお祈りを致し、氏の御臨終を知りました。その時不思議な事がお宮の方にも起こりました。それは、お宮の建物と社務所の間で話のできる室内電話が引いてあります。その電話がお宮の方から、朝四時頃けたたましく鳴ってまいりました。不思議なこともあるものだ。今頃、宮には誰もいないのにお宮から電話がかかるとは。それとも信者の誰かに大事が起こり、早

くお詣りなさって私達にお祈りを願っていられるのかしらと思い、白衣に替えてお宮に行って見ますと、鍵がかかって昨夜のまま、どこも開いているところはございません。その時、唐戸を開けて御神前を見ますと、衣冠束帯をまとわれた湯浅氏が、正面を向いて坐っておいでになります。宮司の眼の痛みと言い、室内電話の呼びりんと言い、幽体をもってすぐに大神様の所へお詣りになられた氏が顕わされた奇蹟の数々は、氏の御生前、御信仰厚く、神に近づかれ、御神力を頂いておいでになった事の証しと思います。真に尊いきわみでございます。私達三人は静かに御冥福をお祈りし、宮から下がって参りましたところへ、奥様から御永眠遊ばされた悲しい御報せを受けました。

後日、奥様がお詣りなさいました時、このお話を申しますと、

「主人を納棺致します時、それと同じ式服を着せて送りました。勿体ない事でございますね。」

と申されて、大神様に御主人様の御冥福をお祈り遊ばし、

「私もこれから後主人に代わってお道の為に尽くさせて頂きます。」

と申しておいでになりますと、氏がお下がりになり、生前の御礼を申され、霊界に於て必ず世界平和の確立の為行に入り、S社をも守ってゆくと申してお昇りなさいました。氏のお誓いの通り、何かS社に大事なことが起こる前には必ず徳光の神と共に出ておいでになり、お祈りしていられます。

然るにS社の方から、湯浅氏の三鷹のお住居をS社の方で入用だによって、立ち退くようにと言ってみえました。奥様も驚かれました。御主人様にゆかれ、未だ涙のかわかぬまに立ち退けとの言明に、お宮へ飛んでみえました。この時に大神様が御降臨遊ばし、

『あの家屋敷は吾が湯浅に与えた物だ。そち達は立ち退く事はいらぬ、橋本に上京するように申せ。』

と仰せられ、橋本氏をお呼びになりました。おみえになった橋本氏に向かわれ、
『橋本。湯浅の遺族が悲しみの涙も去らぬ今、立ち退かせてはならぬ。あの家屋敷は吾が湯浅に与えたものだ。今日迄S社に尽くした湯浅の功績をたたえ、そちから遺族の者に与えてやるがよい。そうすれば遺族も喜び、他の教師達もそちの情けあるはからいに深く感じ、一層道に励むであろう。安心してお道が説けるようにこの際他の教師の手当ても増やすようはからえ。』
と仰せられました。早速橋本氏も御神言のようにお運びなさいまして、現在も尚遺族の御生活費を支給していられます。氏も宗教家として一番大切な慈悲心を厚く実行していられます。湯浅氏の遺族に立ち退きを言い渡されたのは橋本氏の本心ではなく、事務課の方のおはからいだったのでございましょう。

湯浅氏への御神助の数々

先に申しましたように戦時中から、湯浅真生氏は御神言によって『人間の発見』という本を書いておられました。戦争が激しくなりましたので、私達は小豆島の本宮へ疎開しておりました。そこへ氏が御家族六人連れで本宮へおいでになり、あの頃の不自由な中を湯浅氏は御病苦と戦いながら、ひたすら、『人間の発見』を書いていられました。そのうち、終戦になり、御長男泰雄氏も復員して小豆島へみえました。或る日大神様が湯浅一家の者を早く東京に帰さぬと、東京都の方針として自由に入京できなくなり、帰れぬようになるとのお言葉がございました。御帰京なさいまして間もなく、他県から東京都内へは自由に転入できなくなりました。

私達の上京と博のこと

その後私達にも上京せよとの御言葉がございましたが、何の貯えもない私達は、衣類を売って持っていたわずかなお金も、二年余りの籠城のうちに使い果たしてしまいました。そんなわけで親子三人の旅費の持ち合わせもなく、その頃、私の方へ帰って高松の師範学校へ通っていた博の学校のことも

あって困っておりますところへ、兵庫県の社町へ疎開していられました藤原靖三氏がひょっこりお詣りになり、「是非、幡州へ来てお祈りして下さいませ。お代様の事を持宝院の快賢老僧にお話し致しましたら、『是非お連れして来て下さい。自分達は勿論壇家の人達にもその尊い神業を拝ませてやり、因縁というものがどんなに恐ろしいものかという事を教えてやりたい。早くお連れしてください。』とのことです。今からお供します。」とのことで、大神様に伺い、博を高松の叔父の家へ頼み、兵庫県へ参りました。社町でお祈りしておりますうち、つぎつぎとお詣りがありまして、願われるままにとうとう四十日もおりました。ある朝、清光さんが、「博が今、お母ちゃんと言って私を呼びました。何かあの子の身の上に変わったことはないでしょうか。」との事にお伺い致しますと、

『早く帰ってやれ』

との御神言に、すぐ帰島致してみました。すると、高松にいるとばかり思っていた博が四十度からの熱を出して一人で寝んでいました。

「昨日、高松から帰って来て休んだきり余島の祖母のところへも知らす事もできず困っていた。」と申して寝んでおりました。いつもながら、大神様のお護りの有難さを親子三人が身をもって体験致しました。その後再び藤原氏のお迎えを受け、一ヵ月余り参りました。その時も、博の声に起こされ大急ぎで帰島して見ますと、高松の甥と角力を取り、ガラスで手の甲を切り、幾針か縫って何もできず困っていました。その傷は今に博の手に残っています。

帰島後大神様が、

『さあ、このお金を旅費にして東京へ行き、吾子博に学問をさせよ。これから先勉強に入用な金は吾が必ず与

えてとらす。代よ、博が勉強の為に本を求めるのは、お腹が空いた時に御飯を食べるようなもので、決して本を買うためのお金を惜しんではならぬ。』

とのお言葉がございました。学問をした事のない私は御本というものの大切さを知らぬ為、前もって大神様が御注意して下さいました。その為、後々何万円する本でも、時には高いと思うことがあっても、お金を惜しいと思ったことはございません。早速上京の準備を致し、博を連れて上京致しました。大神様の御力を頂き、博も文理科大学に入学ができました。

東京教堂と湯浅氏宅のこと

こうして上京致し、湯浅真生氏とも再びお会いして、御神言のままに、『人間の発見』の御本の完成に尽くして参りました。S社も橋本氏とお二人の御努力により日毎に盛んになられ、現在お茶の水にある東京教堂を、

『ぜひ買い求めよ。』

との御神言に、湯浅氏も種々御奔走なさいました。金策がつかずとても入手できぬと申されてお詣りになりますつど、

『必ず入手できる。』

とのお言葉に力を得ては、御奔走なさいました。入手できましたとの御報告を受けました時は、私も嬉しくホッと致しました。教祖徳光の神も御降りになり、玉光大神様に御礼を申せと仰せられ、徳光の神もお礼を申しておいでになりました。現在の湯浅氏御一家の御住宅も、大神様が、

『そちにも、吾の膝元に良い住居を与えてとらす。』

と仰せになりますと、S社の方でも湯浅氏のお宅で会合がある時なぞ手ぜまになったとのことで、広いところ

へ移転されるようなお話が出てまいりました。早速御神占をお頂きになられ、お言葉の方位をお探しになりますと、現在のお住居が見付かり、小金井から、三鷹の駅にも近い静かな良い場所へ移転なさいましたのでございます。

御墓所とS社本宮建立のこと

その後、教祖徳光の神の御墓所を高野山へ建てたいので、良い場所をお与え頂きたいと申して、湯浅氏と橋本氏とお二人でお詣りになりました。『弘法大師の御廟の近くに良い場所がある。探して見よ。』

と仰せられ、早速お探しなさいました。

「全く良いところが見付かりました。玉光大神様にお定め頂かれました現在の御墓所は、高野山の寺の方々も、こんなに良い所が今迄どうして残っていたのだろうかと申しておられます。」

と橋本氏が感謝していられました。私達も高野山へお詣り致した時拝見いたしましたが、全く良い場所に立派な御墓所が出来ておりました。教祖は御生前、弘法大師に御帰依されて御信仰もお深かったと伺い、そのお徳によるものと思います。

湯浅氏が亡くなられた後、しばらくして橋本郷見氏が、

「S社の本宮を建てたいのですが、場所をどこに致したらよろしいのでございましょうか。」

と申して詣られました。この時、玉光大神様御降臨あらせられ、

『高野山にせよ。高野は教祖にゆかりの深いお山で、教祖徳光も願うところ。』

と仰せられました。教祖もお降りになり、御神言のあった高野山にするようにと仰せられました。ところが橋本氏のお考えの中に、信者が詣りよいところの方が良かろうとあって、大阪市内をお定めになり、種々御奔走なさ

いましたが、不成立に終わりました。又、高野山までのところで、大阪市内にも近いところとあって、二、三ヵ所お探しなさいました。半ば決まったように見えても、土地の人達の反対を受けて取り止めになりますので、どうしたら良いのでしょうかと言ってお詣りになりましたところ、

『まだ分からぬか。縁のないところをいくら探しても手に入るものではない。吾が初めに申した高野山にせよ。高野山に一ヵ所、海の見える所がある。人頼みでなく、自分が腰弁当をさげてわらじばきで探せ。そうすれば授けてとらす。』

とお言葉がございました。このお言葉に橋本氏も、御自分のお考えの間違っていた事をお悟りになられ、いよいよ決心をなさいましたのか、お言葉通りにお山を毎日お探しなさいました。仰せられた方位に海の見える所がございましたので、そことお定めになり、早速、宮司が東京の松井建設の社寺部の方を紹介してさし上げ工事にかかられ、昭和三十八年十二月七日に、高野山に自然社の本宮が、立派に完成されました。

工事中にも橋本氏をお呼び寄せになり、

『今、一心に祈っておらぬと工事場に大変な事故が起きる。』

との御注意がございました。このお言葉に氏も驚かれ、私達も湯浅静枝様と一生懸命お祈り致しました。するとお言葉の通り、鉄のロープが切れ、危うく死者が出るところをお助け頂かれました。ある時も湯浅静枝様に、

『吾の所へ日参してS社本宮の工事場の無事を祈ってやれ。』

との御言葉に、湯浅様も長い間を毎日毎日お詣りなさいました。この時も悪い道の為に、トラックが谷へ落ちるところが助かったとの事でした。

こうしてS社の発足以来、御本宮御完成迄、湯浅真生氏がお亡くなりなさいました後も、湯浅様の奥様を通し

てS社の為にお祈りさせて頂いておりました。橋本氏の願われるままにS社の信者の御神占も致しておりましたが、御本宮も建ち、S社における信仰体験の記録も発行された今日、私も感ずる所があって、御神言に従い、S社の御神占をいたすことを辞退いたしました。

橋本氏への御神助の数々

ある時、湯浅静枝様に御神言があって、

『橋本が長男の嫁が決まらぬので困っている。そちの仲立ちで橋本の長男に、宮沢源吉の三女則子を嫁がせるように。』

との御言葉に、両家にお伝えなさいますと、どちらも大神様のおはからいをお喜びになり、めでたく御結婚なさいました。それより五年前、大神様が宮沢則子様に、

『五年したら吾が良い所へ嫁がせてやる。それ迄よく勤めておれ。』

とのお言葉がございました。その頃則子様は育成幼稚園にお勤めしていられました。丁度五年目に橋本氏の御長男との御結婚の御言葉がございました。

『吾が五年前、そちに申した縁はこれだ。何も言わずに参れ。必ず幸福にさせてとらす。』

との御神言に、一度のお見合いもなさらず、大神様にお任せして嫁いで行かれました。今は三人のお母様になられ、幸せな日々を送っていられます。

昭和三十七年の暮に、再び湯浅静枝様の媒介で、宮沢氏の五女たつ子様が田村国光氏のところへ嫁がれました。田村氏は橋本郷見氏の四男でいられます。こうした御縁組みも大神様の深い深い思し召し、御恵みによるものと存じます。

橋本氏の元の御住居、堺市の諏訪の森では、御病人が絶えぬ為、御神占を頂かれ、やがて茨木市春日丘へ御移

転なさいました。それからは御病人もお出にならず、それまで五男様がひどい恐怖心のため、お母様のおそばを離れることがおできにならず、学校へも行かれませんので、それはそれはお困りでした。そのため氏は玉光神社へ日参なさいまして、御先祖調べを願われ、御先祖のお浄めもなさいました。御移転後は学校へもおいでになりますし、今は自動車を乗り廻していられます。あの頃の事を存じ上げている者には想像もつかぬお変わりようでございます。あれこれと氏の事を思いめぐらしてみますと、何一つとして大神様の御神恵でないものはありません。

宗派を超えて

信者の皆様も私のこの体験談をお読み頂きましたら、つながる御縁、御因縁がよくおわかり頂けると存じます。最初の御神言のように、元のH教団から三つに分かれ、現在はP教団、S社、S会となっております。これらの教団のために、陰からではございますが、大きなあやまちのないようにお祈りして参りました。大神様は常に、

『宗派を超えて祈ってやれ。他の宗教を悪く言わなければ自分の教えの良いところがわかってもらえぬようなことでは、その教えの価値はないと思え。人は皆、教えを説く人や、その場所に縁のある者たちが集まって来て、因縁を解いたり、作ったりして死んで行くものだ。去って行く者を止めてはならぬ。咎めてはならぬ。人は皆、自由を望んでいるのだ。殊に宗教は、信じて行なう者にのみ、神の奇蹟も現われるものぞ。』

とのお諭しを、私達も深く心に留め、ひたすら精進させて頂いています。橋本氏も高野山に於て、宮司からヨガの行を修得され、玉光大神様の御神言をお守りになって、月始めの一週間は必ず高野山に籠られ、世界平和のため、また信者の不幸を吾が身に代えてと、御自分の御年令や御身体のことも御心にお留めなさらず、深山の冬の真水で水行され、お祈りに明け暮れておいでございます。私もこの事をしのび、今なお氏の御健康を祈り、

S社の御繁栄を祈って止みません。
玉光大神、守り給え幸え給え。　合　掌

（昭和三十九年二月二十三日）

三、草木の生命と心

昭和二十四年四月八日、現在御宮のございます井の頭の池のほとりに玉光大神様の御社を建ててお鎮まり頂きましてから今日迄の間に、この御境内において信者のお身の上や、植えおいた草木に及ぼされた神業の数々を宮の七不思議としてお知らせ申し、人の真実の心や邪《よこしま》な思いがどのように現われるかを知って頂き、御信仰によって現在のような厳しい世に正しく生き抜こうとなさいます皆様のお役に立てばと思い、筆を取りました。皆様の御身辺にもこれから私が申しますような事柄が起こっておいでになりましょうが、せわしい日常に心を奪われ、神様や祖先の尊い御指示をついつい見過ごしておいでではございませんか。そう言えばあの時、自分にああいう事があった、ああいう事も起こったと思い当たられる事が御座いましょう。皆、神様のお諭しとお思いになってよくよくお考え遊ばし御反省下さいませ。

第一の不思議　地　昭和二十四年四月八日の事で御座います。玉光大神様が、

主神様と皐月《さつき》の花　『代よ、井の頭に移転するには、代達にとってこの日（四月八日）をおいては他によい日は無い。何をおいても移転せよ。』

との御神言に、私達はささやかな荷物をまとめ、建築半ばの今の社務所へ移転して参りました。一間だけ畳や建具を入れて貰い、未だ乾いていない壁の冷たさを感じながら、その夜は床につきました。その翌日、ゴミ溜を作るのに御境内をみだりに掘って穢してはと思い、大神様に御伺い申しますと、

『あの松の木の所を掘れ。』

との御言葉で、中村富蔵氏御夫妻がお手伝いに来ていて下さいましたので、掘って頂きました。すると縄文式土器が沢山出て参りました。

その頃、文理科大学に在学中の宮司が、考古学の知識がおありになる務台教授に土器の出た事をお話し致しますと、見に来て下さいました。教授は鉄棒を土にさし込んでは、そこ、ここと宮司に掘らせておいでになりました。傍で見ておりますうち、大神様が耳のそばで、

『代よ、あそこを掘っても何も出ぬ。若（博）が汗をかくだけだ。中村に西の方位を掘らして見よ。』

と仰せられました。中村氏がお言葉の場所を掘っておられますと、土器の不用の物を捨てた所か、山のように出て来ました。向こうの方で掘っている博にそっと伝えますと、教授にお話し致したらしく、見にきて驚いておいでになりました。その中から、まとまったよい物だけを取り出し、後はそのままに致しておきました。その後は建築の事やお詣りのお祈りで、土器の事も忘れておりました。

五月に入った或る日、第一の不思議が起こりました。余りに境内に草が生えましたので、五、六人の方で草刈

りをして頂いていますと、つぎつぎに人指し指を切って包帯をして下さいと申されます。皆、土器を掘ったあたりで同じ指を切られます。余り不思議な事ですので、大神様にお伺い申しました。すると、

『吾は土器の持ち主だ。吾の鎮まっている所をあばき、荒した後はそのままに省みないとは何事だ。』

とのきついお怒りで御座いました。驚いて不敬を詫び、大神様にお伺い申し上げますと、

『地主神としてお祀りせよ。』

との御神言に、取り敢えず土を盛り、その上に出て来た土器を御神体としてお祀り致しました。

「玉光大神様のお社を立派に建立致しました後に、あなた様のお社もお建て致します。」

と地主神様にお誓い致しました。それから五年後の昭和三十年に玉光大神様のお宮を建立致しました。

翌年の五月の事で御座います。御境内のお禊《みそ》ぎを致しておりますと、皐月の花が色とりどりに咲いていて美しく、禊ぎの手を休めて見ておりますと、ふと気付きましたことは、昨年迄八重で御座いました皐月の花が、一重に咲いております。よく見ますと、私が植えました木は、どれもこれも一重に咲いております。驚きました。私の思い違いかも知れぬと存じまして、昨年その花を挿し木になさいますようにと差し上げました信者の方に伺いますと、

「私の家では頂きました皐月の花が小さい八重の花を持って可愛く咲いております。お宮の皐月も確かに八重で御座いました。」

と申されます。そのうち、他の信者さんも寄っておいでになり、私も最前からこの花を見て不思議に思っていたところで御座いますと言って、私と同じ思いでおいでで御座いました。私はお禊ぎの途中で御座いましたが、大神様へお伺い申しますと、地主神様がお降りになり、

『汝は吾と約束した事を忘れている。速かに吾の社を建てよ。八重を一重に咲かせたのは汝に吾の願いを知らす為だ。』

とのお言葉で御座いました。右のお言葉を玉光大神様に申し上げますと、

『地主神の願いを聞き届けてやるがよい。』

との御神言で御座いましたので、早速松井建設へ頼み、お社を建立致し、五月十五日に御鎮座式を執行致しました。その時、

『土地の事で難儀する者は吾に願え。叶えてとらす。また眼病その他願う事、正しい願いなら何なりと願え。叶えてやる。』

との御言葉で御座いました。その後度々お降りになり、古い時代のお言葉で当時の事をお物語り下さいますと、私達には解せないお言葉も御座いますので、宮司が井の頭の博物館へ参り、調べておりました。宮司が常に申しますには、事の真偽を明らかに致さず、ただ奇蹟だ奇蹟だと言って信者に伝えてはいけないと申します。尤《もっと》もなこと、若くて体験の浅い者には仕方のない事、とかく目に見えるものごとのみを信じる者にとっては無理もない事だと思っておりました。大神様はいつも、

『代よ、目に見えるこの世の出来事をすべてと思うな。神の業なす末の末のことだ。』

との御神言が御座います。この御神言を博にも伝え、大神様からのお諭しも幾度か御座いまして、只今は深い信仰に入り、大神様の御徳、偉大な神業を学問的に説明して行きたいと日夜心を砕いて研究致しております。こうして私達は地主神様をこの境内地の護り神としてお鎮まり頂きました。

第二の不思議
御神酒

昭和二十五年一月、御神言を頂き清光さん始め中村富蔵氏御夫妻、小林氏御夫妻、宮沢源吉氏御夫妻とで奥多摩の御嶽神社へお願ほどきに詣るようにとの御神言が御座いました。私達二人は、毎年木曾の御嶽山へ必勝祈願に参っておりました。ところが戦争も終わりました頃から私が病気にかかりました為、木曾の御嶽山へお願ほどきに行っておりませんので、清光さんに御神言があって、皆様と御一緒に奥多摩の御嶽神社へ御詣りして頂く事になりました。未だケーブルが復活していない時代の事で、大変だったとの事でした。皆様がお帰りになられましたので、労をねぎらう為御神酒を差し上げておりますと、小林氏が清光さんの顔をしげしげと御覧になっておいでになりました。そのうち、氏が、

「清光先生、貴女は大層お綺麗な方ですね。」

と言って又御覧になっておいででしたが、

「あなたをこんなところにおいておくのは惜しい事ですね。」

と申されました。その舌の根の乾かぬうち、氏が突然、

「あいた、あいた」

と、顔を押さえて、もがき出しなさいました。一同驚いて、

「どうなさいました。」

と申してお顔を拝見しますと、小林氏の頬ぺたが風船のように腫れて真赤になっています。私はその時、小林氏が申された後の言葉を大神様がお咎めになったのだなと思っているうちに御降臨あらせられ、

『小林、そちは代や清光を何者と思うか。神の代人として吾が世に生まれいだした者ぞ!! 代と清光とは車の両輪のようなもので、どちらが欠げても吾の用をなさぬ。吾にはどちらも大切な者だ。再度そのようなことを申

す時は、この宮の土を踏むことはならぬ。』

とのきついお叱りで御座いました。小林氏御夫妻もいたくお詫びなさいました。私もお言葉をお慎み下さいますようにと、おたしなめ申しておきました。その後、いろいろな体験談を致しておりますうちに、氏のお顔は元のように頰の腫れも引き、何事もなかったかのようになられました。氏も大神様のお力、お慈悲にいたく感じられ、改めて自分の不心得を詫びてお帰りなさいました。

この時、私は大神様へ心からお詫び申しました。と申しますのは、私が明治神宮の参道前に初めて教会を設立致しました時、大神様から、後々の心得として、

『此の教会では、大祭の時以外は信者に酒を飲ませてはならぬ。又信者が酒を飲んで神占を受けに来た時には、すぐに帰せ。代も決して神占を与えてはならぬ。』

とのきついお言葉がございました。私達もその時迄は御神言を堅く守り、大祭の時以外は一度も差し上げたことは御座いません。大神様の御思召でこのように御心をお砕き遊ばされ、私達二人をお護り下さいますので御座います。私達も深く感謝申し上げ、何のあやまちもなく今日迄参りました。ところが戦争も終わり、御願ほどきもできたと思う心の緩みからで御座いましょうか、あまりお寒かった日で皆様の労をねぎらう為にと、ついお酒を差し上げました。私の不心得から信者をあやまらせました。私がお酒さえあげませんでしたら、氏もあのような事は言われませんでしたでしょう。その夜大神様や小林氏御夫妻に深くお詫び致しました。次の日、奥様がお詫びにお詣りなさいましたので、私が気付いた事をお話し致し、奥様に私の方からお詫び致しました。現在は宮も宮司に譲り、新たに御神言を賜り、大祭や月並祭には、後で諸役の方々にお直会《なおらい》を差し上げております。

第三の不思議
南天の色変り

或る日、小林氏御夫妻が私の病気によく利くと言って、白南天の木を持ってきて植えて行って下さいました。私もお二方様の御厚意を喜び、毎日実をもいで煎じて飲んでおりました。その年も終わり、次の年、又青い可愛い実を沢山つけました。病気には利かないように思いましたが、何だか摘み取るのも可愛想な心持でそのままに致しておきました。その年の終わり頃から、小林氏御夫妻もみえなくなりました。ある日の朝、日向ぼっこを致そうと思い、縁に出て庭を眺めておりますうち、ふと南天の木に目を止めますと、赤い実が成っています。この間迄は確かに青い実をつけていた筈だのに、前の年までは確かに白南天であったのに、どうした事で御座いましょう。その時、私は、小林氏の御心が変わられ、他へ御信仰を求められたので この南天の色が変わったのだと思いました。ところが私自身の心を思って反省してみますうち、自分の病気の重い事は思わないで、この南天は飲んでも一寸も利かぬとか、小林氏の御心変わりのせいだとか、他人や南天ばかり悪く言い、これが赤い南天なら可愛くお花に活けても綺麗なのに、白南天では面白くもない、と思ったり、口に出して何度か言った事に気付きました。南天の色変わりは、自分の心変わりで御座いました。小林氏御夫妻がお持ち下さいましたあの時の嬉しかった事、御二方様の御厚意を忘れて申し訳なかったと、南天の木の元で御二方様へお詫び致しました。南天にも詫び、栄えてくれるように頼みました。このように私の病気の為、小林氏を始め信者の皆様が植木や草花をお持ち下さいましてお慰め下さいました。花壇も立派に出来ておりましたが、御本殿建立の為掘り返されました。仕事師に任せた為、今では枯れてなくなったものも御座います。この時の気持を詠みましたものを別紙に書いておきます。

第四の不思議　乙
女椿の冬の挿木

この頃山田文子様がお詣りなさいますようになられ、大神様の御神徳を頂かれ、御心もひらけ、熱心にお詣りなさっておいでで御座いました。私が重い病を押してお祈り致しておりま

すと、お詣りの都度献花なさって下さいました。お花を拝見致しておりますと、疲れた体も心も和み、お詣りの方々もお喜びで、私はとても助かり心から感謝致しておりました。

二月のある日、山田様が乙女椿を献花して下さいました。その時、私はこの方様の真心を残しておきたいと思い、その乙女椿を庭に挿しました。その日は雪の朝で、前日から降り積もった雪を掻き分けて土に挿し込んでおりますと、清光さんが私の体を案じ飛んで来て、

「そんな無理をしてはいけません。それにこの雪の中へ今頃挿し木なさいましても、つくものでは御座いませんよ。挿してよいものなら私が挿します。」

と言って取り上げようとなさるので、私の気持を話し、大神様を念じながら挿し木致しました。私の心持を大神様がお汲み取り下さいまして、立派につきました。夏の日照りにも枯れず、よく根をおろしました。その後度々移し変えましたので、まだ花はつけませんが、二本共大きくなって参りました。今は病も癒え、あの頃の苦しかったことを忘れてしまいましたが、年毎に大きくなるこの椿を見ては心から感謝しております。山田文子様、有難う御座いました。

第五の不思議　枯れたサンショの木

御社の裏の方、現在は宮司の住居になっております所に私の丈《たけ》程のサンショの木が二本御座いました。若木でどちらも実をつけませんでしたが、春には新芽をふき、香りも高く、食事も進みますので、珍重がって大切に致しておりました。

ある日、私が一人で裏の草取りを致しておりますところへ、清光さんが来てサンショを摘み取りました。その時清光さんが、

「このサンショが大きくなり過ぎて干し物の邪魔にもなりますから一本は切りましょうよ。本当にトゲが危く

て下の方の草も取れません。」

と言われます。私は、

「まあまあ新芽の佃煮も美味しいから切るのは止しなさい。」

と言って止めました。それから三、四日経った夕方、裏へサンショを取りに行って見ますと、大きい方の木が枯れております。驚いて大声に清光さんを呼び、

「この木はどうしたの、煮え湯を掛けるか、何かお薬を根にかけて枯らしたの。」

と申しますと、清光さんはこれ又驚いて、

「私は何も致しません。貴女がそのまま置くように申されましたので、そのままに致しました。第一今日まで一度もサンショは摘みません。」

と言われます。二人はサンショのような木にさえも心と生命のある事を知り、お互いに物を大切に、自分達と共に生きるものには、常に感謝して行く事を誓いました。感謝の祈りの中にも御座いますように、大神様の、

『吾等と共に生きる物に感謝の祈りを捧げよ。』

と仰せられての御諭しが御座います。この世の中に何一つとして生命のないものはないことを深く悟りました。こんな草木にさへ、通ずるものがあるとすれば、同じ生を受けている人間同志で心の通わぬ事はない。通わぬのは自分の真心が足りないからで、相手の心持を知ろうとせず、何事も自分なりに物事を解釈して行動するので誤解も起こるのだと悟りました。

第六の不思議
伸びない楓《かえで》

昭和二十七年の事で御座います。阿佐ケ谷の方にお住まいの高橋わか様と申されるお方が、御長男様の御病気の御全快をお祈りに詣られました。既に御病気は結核の三期に入り、御全快は

覚束のう御座いました。それでもお祈り致しておりますうち、一時はおよろしくおなりになり、御母様方もお喜びで御座いましたが、因縁に打ち勝つ事もおできにならず、空しく去ってゆかれました。ある日、お母様が楓の植木鉢をお持ちになり、御子息様が御生前この楓を好み眺めていたので、

「御境内のどこかへ植えさせて下さいませ。」

と言って、社務所の紅葉《もみじ》の横へ植えて帰られました。その後、いつとはなく高橋様のお詣りが跡絶えました。ある時、お禊《みそ》ぎを致しておりますと、信者の方が、

「お代様、このもみじはちっとも大きくなりませんね。どうしたので御座いましょう。」

とお尋ねなさいます。そう言えばあれから七年経っています。うろばえの楓さえ年毎に大きくなって参りますのに、どうした事で御座いましょう。早速大神様へお伺い申し上げました。すると、御神言があって、

『代よ、あの木を持参した者は、自分の因縁を知ろうとせず、神を恨み、人をねたみ、世を儚《はかな》んで自分の思いに閉じこもっている。あの楓のように一寸も伸びる事ができぬ哀れな者じゃ。詣れば諭しようもあるに、縁無き衆生は度し難し。伜の魂は吾の許で修業しているに、それを信じる事のできぬ不憫な者だ。』

との御言葉で御座いました。私も、楓のことを尋ねた方も、今更ながら死後のお導き、お祈りの大切なことを知り、高橋様の為にお祈り致しました。

ある時、その楓を所望されますままに、森公子様に差し上げました。後に、

「あの楓はつきましたか。」

と伺いましたところ、森様の申されますには、

「ええ、お陰様でよくつきまして大きくなり、私（森様）の背丈位になって参りました。」

と申していられます。御境内では遅々として伸びない楓が、他へ移してやればのびのびと大きくなった事も不思議な事で御座います。御霊も救われ、森様のお家の栄えをも象徴しているので御座いましょう。

第七の不思議　御本殿の建築と松の木

昭和二十九年、この御本殿を建立致しますにつき、境内の松の木を伐り取る事になりました。なるべく檜《ひのき》や太い松は残しておきたいと思いましたが、伐らなければお宮が建たぬとの松井組の話に、檜を四本、松も建築の前後に十三本程切りました。丁度幣殿に当たりますところに、とても大きくて立派な高い高い松の木が御座いました。これだけは残したいと思う心が強く、何とかならぬものかと聞きましたが、駄目で御座いました。仕方なく、明日は伐るという日の夕方、私は松の木の根元に立ち、松に言い聞かせました。

「お前を何とかして助けてやりたいと思うが、お前も知る通りの事情で、いよいよ明日は伐ることになった。大神様のお役に立つのだから伐られて成仏せよ。」

と言ってお祈りしてやりました。この木だけに心が寄るのも不思議で御座います。祈っている中に涙が出て仕方が御座いませんでした。余り不思議なのでお伺い致しました。すると、この松の木は古くからこの辺りに祀ってある神々の宿り木で御座いました。伐り倒して塀の横に置いて、工事に掛りました。

本殿が出来、いよいよ千木《ちぎ》を上げて見ますと、小さくてとても見た目がおかしいので、監督に言って取り替えさせました。別のを上げてみましてもまた小さく、他との釣り合いが取れていないようでまた下ろさせました。監督は、小さくてもこれで設計通りですと申します。とやこう申しておりますうち、お社の方の監督として頼んでおきました中村太一氏がおこってみえました。そして言われるには、

「お代さん達は日常私達に何と言われます。物より心、物より心と言っていられるのに何です。たかが千木位

のことで何度も何度も変えさせて、大工達の身にもなって御覧なさい。この暑いさ中に屋根の上で仕事する大工達の身にもなって御覧なさい。今に大工達がおこって仕事をしなくなりますよ。第一、材木屋にはもはや千木になるような木はありませんよ。」

と大変な立腹です。私達も中村氏の申される事は尤《もっと》もと思いました。併し私達は神様のことで一生一代のことをさせて頂いていることですし、後からやり直すわけにゆかない事、たかが千木と申されますが、一番大切な大神様の御威徳をも現わすところだということを説明申し上げ、中村氏から監督始め大工の人をなだめて、怒らずにやって貰うようにお願いしておきました。

暫くすると、大変だと言って大工が来ましたので、何事が起こったのかと思いますと、監督が上の足場から落ちて腰をしたたか打ち、連れられてきました。応接間で宮司が手当をして差し上げ、暫く休んでいられるうちによくなり元気に帰って行かれました。ホッとしておりますと、近くで半鐘が鳴り出しました。しかも早鐘です。皆驚いて外に飛び出し工事場の事務所の二階へ上がって見ますと、吉祥寺の方に大きな火の手が上がっています。ひどい勢いです。私達は一生懸命鎮火しますようにお祈り致しました。幸い一棟だけで済みました。それにしてもひどい勢いでした。翌日監督が来て話しますには、

「宮司様。今朝来る時、材木屋へ千木の木を入れさせるように寄りました。ところが材木屋は丸焼けです。驚きました。昨日帰りに寄って千木を注文致しておきましたのに、今朝は丸焼けです。本当に分からないものですね。」

と申しておりました。すると耳許でお言葉があって、

『代よ、あれでよい。千木の木の事は吾に考えがある。材木屋が余り分からない奴で、不良品ばかり持って来

るので、なくしておいた。』

と仰せられました。身から出た錆《さび》とは言え、お気の毒な事でした。

次の日の朝早く、大工の棟梁が、

「神様を拝んで下さい。昨夜は一晩中休まれませんでした。私の寝ている上を誰かが力一杯押さえますので、苦しくて目が覚めました。枕許を見ますと、長い白髭《ひげ》の老人が坐って私を見つめていられます。こわくてこわくて、朝まで布団をかぶって一睡もせずにいました。これから毎夜これでは困ります。第一仕事になりません。」

と言って不安そうな顔で申されます。私も誰方様かのお知らせだな、と思いながら話を伺っておりますうち、大神様がお降り遊ばされ、

『棟梁。そち達は、代や宮司の目をかすめてよからぬ事を致しているが、今改めぬと自分で自分の身をほろぼすようになるぞよ。』

と、仰せられました。棟梁も恐縮して、挨拶もそこそこに出て行きました。それから四、五日して、朝工事場を見て廻りました。大工達の仕事を致します所へ参り、大工の仕事の手振りが面白く、見とれておりました。私の横に新しい材木が置いてありますのでながめておりますと、棟梁がやって来て、挨拶しながらしきりと私に詫びています。

「お代様、すみません、すみません。この材木は私が中村太一氏から頂いた物です。境内の松の木ですが、中村氏が私にやると申されましたので、この木を材木屋へ売って、大工道具を買いました。一昨日、材木屋が焼けたので材木が無いからと言って、私の売った松の木を取りに来て、製材して今朝持って来ました。これを千木に致しますし。この木は太くて長いものですから、姉妹木と言って、一本の木から全部の千木が出来ます。滅多にこんな

事はありません。」

と言いながら、お詫びしておられます。私や宮司に一言のことわりもなく勝手な振舞いは慎むように、この後を戒めて社務所へ戻りましたが、私は大工の話を聞いて驚きました。あの松の木がこの宮の材料に使われる。しかも千木の木になって帰って来た。私は嬉しゅう御座いました。こんな松の木にさへ人の心が通うものか、あわれが分かるものなのかと思いますと、涙が出てきて、泣きながら供養してやりました。その為棟梁を咎める心も起こらず、夜は大工達を呼んで酒を飲ませ、祝儀を取らせました。その席で酒の廻った棟梁が、お国なまり（青森県の人）をそのままにくどくどと詫びごとを言っていられました。棟梁が、

「お代様、ここに青森の者が二、三人います。お国弁で皆と話しますから聞いて下さい。なんぼうあなたが偉いお人でも、この言葉は分かりませんでしょう。」

と本当に何やらベラベラとしゃべり出しました。宮司も私達もちっともわかりませんので、これでも日本語かしらんと言って大笑い致しました。お酒も廻り、皆も上機嫌で帰って行きました。

この人達は現場でちょいちょい悪い事をするのは習い性なのか、その後も檜の材木をかつぎ出したりしていました。ある日、棟梁が国許の都合だと言って、工事半ばで青森へ帰って行きました。それから一月半位経ったと思われるある日、ひょっこり棟梁が参りました。語るところによりますと、

「お代様、あれから私は国許へ帰ったきり今迄足腰が立たなくなって、床についたきりでした。実は国許に用があったのではなく、現場が面白くなく、何だかこわくなって帰って行きました。他の仕事場で一もうけしようと思いました。ところがそれどころか寝たきり動けなくなりました。休んでいるうちに神様のことを思い出し、自分のしたことの悪かったのに心付いて、お詫びをしました。するとその次の朝から腰の痛みも取れ、足も立

ち、忘れたように治りました。あんなに重かった病気が本当に嘘のように治りました。いろいろ御迷惑をおかけして申し訳御座いません。」

と言って心から詫びておられました。

「私達は何も思っていません。何事も私の不徳の致すところです。人を咎めたり恨んだりすると、私もあなたのように神様のおいましめを受けなければなりません。お互いにこれから気をつけて行きましょう。」

と申しながら、半ば出来上がったお宮の内を見てもらい、棟梁も後の仕事を見ながら、自分の腕の良いことをほのめかしながら帰って行かれました。

私はこの時も大神様の御広大なお慈悲に打たれました。たとえ一時でも大神様の許に参り、仕事をして御縁にふれた者は、あのようにして反省の時をおあたえ下さって、再び悪い事をせぬよう、できぬよう、神の存在をお知らせ下さいますので御座います。

その後、中村太一氏も、意見の相違から宮の役目を御自分から辞任して、おみえにならなくなりました。中村太一氏にはこの境内地の入手の時から、社務所を建てます時も、種々と御尽力頂きました事とて、私もこのお申し出には心をいためました。自分自身にも種々考えました後、玉光大神様の御指示のままに申し出を受けることに致しました。お別れしてからは一度もお目にかかる事なく七年は過ぎました。七年経ったある日、神社の拝殿に可愛らしいお嬢さんがみえて、私達に何か言いたげに致していられます。ふと中村正恵ちゃんの幼な顔が目に浮かび、

「あなた正恵ちゃん?」

と聞きますと、こっくりをして可愛く笑っていられます。赤ちゃんの時、私もよく抱っこした方なので懐しく、

御両親様のことなぞお尋ね致し、他のお子さん方と御一諸でしたのでその時はじきに帰ってしまわれました。日ならずして今度はお父様からのお手紙を持ってお詣りになりました。拝見致しますと、是非お詣りさせて頂きたい、大神様にお詫びをして再びお詣りを続けたいとのお手紙でございました。早速大神様にお伺い申し上げました。大神様もお喜び下さいました。そこで大神様のお定め遊ばしました日に、親子五人連れでお詣りをなさいました。

「お代様、お別れして以来七年、あれから一時はとても苦労致しましたけれども、今では工員が百人近くいて、立派に事業致しております。苦労のさなかに玉光大神様の御神言を思い出しました。『そちはあれこれと仕事のことで迷っているが、以前に勤めていた日本電気の会社へ行って仕事を頼め。必ず成功する』と仰せになった事を思い出し、早速行きました。同僚だった人達が皆、課長になり立派になっています。その人達によく頼み込んで仕事を貰い、一生懸命やりました。そのお陰で今では幸せになりました。一度大神様やお代様方に御礼が申し上げたいと思いつづけておりました。永い間、御神言をおろそかに致し無駄な苦労を致しました。申し訳もなく日夜お詫び致しておりました。この後は何卒宣敷くお願いします。律子、何だか親許へ帰ったようだね。」と言って喜んで下さいました。私達も三人で中村氏の御成功を喜びあいました。その後お詣り下さいますうち、小豆島に御本宮が建った事をお話し致しますと、氏は東京のこのお宮が建立される時、玉光大神様やお代様にお約束致しておいた寄進のことも果たさずにそのまま今日になっておりますので、御本宮の方へ御寄進させて頂きますと申し出られ、多大な御寄進をなさいました。工事の残務も御座いましたので御厚意を有難く受け、大神様の御はからいに心から御礼申し上げました。人にはよい事を致しておくものだと泌みじみ思いました。中村氏が事業に失敗なさって失意の時、いささかのことをさせて頂いた事に感じられ、私のこの大事をお助け下さいま

した。この時の思いを歌に、

身をもちてよしもあしきもなすことは
　幾世へるともむくひ来にける

とよみました。これも皆大神様のお恵みで御座います。

第八の不思議　半日で枯れた楓

昭和三十五年六月二十八日、宮司本山博の結婚式の日のことで御座います。御本殿の後庭の楓の木が三本御座います。この木は私達がここへ参りました時、風が持ってきたのか小さなうろばえの楓が御座いました。私が草を取る手を休めて、楓を人に踏まれぬように塀の片隅へ植えておきました。いつとはなく月日も流れ十年は過ぎました。楓も大きくなり、私の背丈を越えて枝ぶりもよく、朝夕の眺めに致しておりました。その日の朝も、式の準備に心せわしく用意しながら庭の楓に目をとめて、青葉のしだれを愛でておりました。そのうち、清光さんに呼ばれてお宮へ参り、それからは来賓の応待にせわしく、結婚式に移り、式も滞りなく済ませました。披露宴の途中、二人は新婚旅行に立って行きました。二人を送り出し、皆様へもそれぞれ御礼を申し、社務所の縁で朝からの式の疲れをほぐすため、憩いしておりました。いつものくせで庭の楓の方を見ますと、葉の色が変わっています。いぶかしく思い、つっかけ草履で楓の許へ行って見ますと、葉は全部枯れております。下まで枯れて葉が縮れております。枝を折ってみますと枝も枯れておりました。私には信じられません。朝、あんなに青々と枝ぶりよく茂っていた楓が、午後には枯れて、しかもその枯れが幹までに及んでいるので御座います。私はお手伝いの方に頼んで、そっと塀の外へ出て見て頂きました。誰か塀際でごみくずで

も焼いた為、炎で枯れたのではないかと疑いました。

ところがそのような気配は御座いません。どうした事で御座いましょう。わずか四、五時間の間に、高さ二メーター半もある楓が枯れるもので御座いましょうか。私は新婚旅行に出て行きました二人の身の上に何か不吉なことでも起こるのではなかろうかと思い、不安でなりませんでした。皆様がお帰りになりましたその夜、清光さんと二人で、一生懸命お祈り致しました。すると玉光大神様が御降臨下さいました。

『代も清光もよく聞くがよい。宮司の妻にしたあの者は、そち達三人にとっては最も悪因縁の者だ。殊に清光とは前の世から仇同志であったのだ。その仇を取る為に宮司に近づいていたのだ。この悪因縁を果たさずに世を終われば、また次の世に出会い、もっともっと悪い形で因縁を果たすようになる。そこで吾が最もよい時に、よい形で、因縁を果たさせているのだ。いつも申すように、そち達人間の力で因縁を解くという事は、むずかしいことだ。相手の為に真実を尽くし、深く愛してやらなければ悪因縁は解けぬ。それどころか、反って因縁を重ねて不幸に終わることになるぞよ。それではまた、次の世に生まれ出て同じ事を繰り返す。一人が世を去れば、魂が相手を呼ぶので後を追う。霊界では二つの魂がからみ合い、もがき苦しんでいるのだ。このような霊に寄られた人や家には、常に争いごとが絶えぬのだ。この苦しみから逃がれたいと思う家の者の誰かが発心して、神仏におすがりすることができた時、神力によって、からまる霊が離れ、それぞれの場所で霊界の修業を積み、この時悟れた者は高く上がり、相手の魂とは無縁の所へ生まれ出て、現世では会いも見もせぬ赤の他人でいられるのだ。悪因縁は、この世の中では最も深い契りと思われる親子になったり、夫婦、兄弟、姉妹になって生まれ出るものだ。さもなければ仇は取れぬ。現世であい見ると言うことは、最も順縁の者か、最も悪因縁の者だ。何にしても、神が興えたこの時を逃がさぬよう、この世で順縁にかえる迄祈り、真心をつくせ。油断をするとあの楓のように一

瞬にして枯れてしまうぞ。人の思いもさる事ながら、吾がそち達を救う為にこの奇蹟を現わしたものだ。宮司を今取られては吾がこれから示す証《あかし》が立たぬ。宮司をもってこれから世に示し、世に残してゆくのだ。この後、宮に起る奇蹟も、吾が宮司を護る為に示すものと思い、よくよく心して祈り精進せよ。』

との御神言が御座いました。その後御神言通りの事柄が起こりました。私達がこの御神言を頂いていなかったら、今日のように睦まじく、孫達の成長を楽しみに、また信者がお救われになる姿を喜びに、それぞれの場でお勤めを全うすることはできなかったと思います。今もこうして玉光大神様の御慈悲に浸りつつ、筆を取っております。

ある時も、この因縁のため思い悩んでおります時、玉光大神様が、

『代よ、吾が因縁じゃ因縁じゃと言っているうちに早く悟れ。吾が因縁じゃと言うのは、吾の情けじゃ。まことは、そちに罪があるのじゃ。宮司の父親、女の父親、二人からどんな仕打ちをされたか思い起こしてみよ。いやしくも道にある者に対して、常識ある者ならあのような無礼な振る舞いはせぬ。それもこれも皆、代自身が持って生まれてきているものだ。多くは言わぬ。たった一人でもよい。完全に救うて吾の許へまいれ』

とのお諭しが御座いました。

『一人でもよい、完全に救うて参れ。』

との御神言に、はっと胸を打たれました。この御神言は、私自身を仰せ下さっているのだと気付きました。そこに気付きますと、人様をお救いするなぞとはおこがましい。深く恥じ入り、大神様へ心からお詫び申し上げました。悩みも苦しみも、真剣に悩み苦しめば開けるという事を知りました。何事によらず、いい加減という事は悪い因縁の温床を作っているようなもので、決して開けるものでないという事をも悟りました。前にも申しまし

たように私は、幼い時から苦境におかれ、いつもギリギリのところへ追いやられ、いやでも真剣にならざるを得ない私で御座いました。そのお陰で今日のような深い信仰に入れて頂けました事を感謝致しております。

その後も大神様は、種々の奇蹟をお顕わし下さいまして私達をお助け下さいました。至らぬ私達は、こうして大神様に奇蹟を現わして頂き反省して参りました。

玉光大神様、有難う御座いました。

皆様もこの文章をお読み下さいまして、御身辺の出来事を思い起こしてみて下さいませ。きっと大神様や祖先様が、皆様をお救い下さいます為に尊い奇蹟をお現わして下さっておいでの事と思います。玉光大神様、地主大神様、有難う御座います。信者をお助け下さいませ。　合　掌

山田文子様より何時も献花を受け
感謝して詠める

参拝の度にもたらす四季の花
　六歳を病める吾を思ひて

鉄線てふ花を今年も持ち給ふ
　吾好めるを忘れ給はず

何時の間に帰りませしか床の間に
　生け替へられて紫の花

吉田一《はじめ》氏御夫妻に感謝して詠める

病《いた》きの吾を労はりとりどりの
　花は持ち来て植えて去にける

玉の汗拭ひもやらず植えませる
　此の信者《まめびと》に何とむくいむ

朝な朝な花壇に咲ける花の数
　今朝はダリヤも二つ咲きゐる

小林氏を思ひて詠める

南天を宿り木に咲きし朝顔の
　今朝はつゞじの木に咲きてゐる

御本殿建立の為御境内の木々や草
花を切るに心いたみて詠める

花共よ吾病《いたつ》きの身ならずば
他へ移してやりにしものを

土塊に押し潰されて花共よ
工事の済むを待てや花共

花共よ吾も事に堪へおほゐなる
神の御社建ててゐるぞも

武蔵野の此の池の辺に千早振る
神の社を建ててゐるぞも

雨風も心して吹け千早振る
神の社を建つるその間は

人夫等は仕事を終へて帰り行く
　月は木の間を昇り初めたる

人夫等は帰りたるらし工事場の
　鉄塔の上に月は冴えたり

一日の仕事を終へて人夫等の
　今日も帰るか夕闇の中

太松の梢かすめし丸き月
　今し新宮の屋根に出でたり

おほゐなる神の恵みに庭の松
　宮居の千木となりて聳ゆる

（昭和四十年十一月八日）

四、世界平和の祈り

昭和二十五年七月十七日

玉光大神様の御神言。

『今日より水行を一週間せよ。世界平和の一日も早からんことを祈れ。』

との御事にて、代、清光、博と三人で早朝水行す。満願の二十三日の月並祭の朝、

『講和条約が秘密裡に調印された。』

と御神言あり。天皇陛下万歳、日本帝国万歳三唱。

昭和二十六年四月一日

玉光大神様の御神言。

『今日から七日七夜世界平和のため、神々が集まり御評議がある。』

との事であった。

八日感謝祭の時、一同に、

『今日から七日間、世界平和の一日も早いように祈れ。』

との御神言がありました。

玉光教十訓の講義を願った宮沢氏に御神言

「神は一切万霊の王」の教えについて。

神は一切の王であり、又、そち等と一諸でもある。そして上であり、下でもある。一は千であり、億兆である。

昭和二十八年三月下旬

社務所でお祈りの頃、信者の中のお一人が、

「私は永年お詣りを致しておりますが、皆様のようにこれというおかげを頂いておりませんが、何故でございましょう。」

と言われますので、大神様にお伺い申しますと、御降臨遊ばされ、

『代よ、神前の卵を三つ取れ。』

と仰せられ、お供えの卵を持って参りますと、それを信者にお示しになり、

『皆もよく見るがよい。この卵は外から見れば同じ卵であろうが、中身はそれぞれ違っているぞよ。この卵は親鳥がくちばしで突つけば今すぐにでもヒヨコになって出てくるように、機が熟している。今一つの卵は、これから母鳥が抱いてかえる卵、もう一つの卵は無精卵で、いくら母鳥が抱いてもヒヨコにはならぬ。中身を知らず無理に抱けば腐ってしまい、何の役にも立たぬ。人もこの卵のように、それぞれ持っている中身（因縁）が違

うため、同じに吾の所へ詣っていても、おかげとして現われる事や、その時が違って来るのだ。吾の許へ詣っているという事が、既に救われている証だ。信仰というものは、己を知って信じて時を待つ事だ。無理な思いをすると、無精卵のように中身がくさって、人の役にも立たぬようになるぞよ。卵は卵なりに食べられて人の役に立つものだ。あせらず時を待て。』

との尊い御諭しがございました。

昭和二十九年一月の雪の日

朝六時、お行を致しております時の御神言。

『代よ、玉光大神とは、今降っている雪のようなものじゃ。皆の者の上に万遍なく降って、万物を潤《うるお》し、本来、無色無形の物であるが、降って積もれば白く目に見えてくる。見る人の心によってはこの上もなく心を充たし風情を増すが、冷たく邪魔にもされる。吾も、人の心々によってその働きをなすであろう。』

との尊いお諭しを受けました。

昭和二十九年一月二十七日朝五時五分

外の御門の方で大勢の足音が致しますので、玄関を開けて見ましたが誰もおりません。しかし足音のみはいぜん致しますので、玉光大神様にお伺い申し上げますと、

『矢吹欽三宅にわざわいをなしていた（本田家の）城主が、吾の所へ礼詣りに来て、帰国なすとて供揃い致しているところで、騒がしく足音がしているのだ。心配はいらぬ。』

との御神言でございました。この御神言に私達只々勿体なく、み霊の御冥福を祈りました。

昭和二十年、宮沢源吉氏が矢吹欽三氏とお詣りになった時、矢吹氏にお示しになった御神言

私が御神前にみあかしをつけようとして大箱のマッチをすりましたところ、全部に火がつきましたので驚いて外へ投げ出しました。すると玉光大神様が御降臨あらせられ、

『宮沢、あのマッチを取って参れ。』

と仰せられました。宮沢氏が持参になりますと、

『中をあけて見よ。』

開けてご覧になりますと、大箱で中が二つに仕切られていて、一方は一本も燃えておりません。片側の方は全部燃えております。その上の所に一本だけ燃えないマッチがございます。すると大神様が、

『この燃えていないマッチは矢吹だ。会社というものはこのマッチのようなもので、マッチの箱が会社で、軸は社員だ。いかに箱ばかり大きく立派でも、中身の軸が良くなければ、マッチは役に立たぬ。会社もその通りで、社員がこのマッチの軸のように身を焦がして黒くなる迄働いていても、社長のそちが汗もかかずこの軸のように綺麗でいては、今にストライキが起こり、元も子もなくなるぞよ。宮沢、ストライキを起こすという事は、マッチをすって自分の家に火をつけるようなもので、結局我が身をほろぼすようになる。すったマッチをカマドへ持ってゆき火をつければ、お米も炊け、カマドも繁昌し、家も平和に栄えてゆくのだ。よくよく心して行けよ。』

とのお言葉がございました。お二人は深く感謝してお帰りなさいました。私も病苦と闘いながら私の業を果たさせて頂いている事を新たに感謝致しました。

昭和三十三年一月十六日

この日より二十三日まで、宗谷乗組員の無事を祈り、一週間断食の御行を致しました。

宗谷乗組員が全員無事に帰られたので、大神様へ御礼のため、五月十六日から二十三日まで、一週間断食の御礼を致しました。

昭和三十三年一月二十五日、千葉智子氏の体験

千葉氏がこの年の寒行にお詣りに来ようと思い、急いで歩いていられると、砂利を沢山積んだトラックにはねられ、気絶されました。早速病院に運ばれ、医者がいろいろと調べましたが、外傷も内出血も、どこの骨折もありませんでした。七十歳に手の届く御老体で、これは奇蹟だ奇蹟だと医者も驚き、知らせで駆けつけられた御子息さん達も、日頃お母様の御信仰なさいます事を何や彼と非難しておられましたが、病院のお母様に代ってお礼詣りにみえました。この時大神様が、

『代よ、今、千葉の体の脊髄から水を採って脳出血のいかんを調べようとしているが、絶対にしてはならぬ。老体の事と、今大変に疲労をしているのとで、水を採ったら却って吾が助けた命を失うことになる。よくよく注意するように。』

とのお言葉でした。後に解った事ですが、三年前に親類の方が、その所で矢張り事故死されたのでした。御自分もその事を思いながら歩いていたと言っていられました。

昭和三十三年二月

福田みつる氏の家の祖先祭りを致しました時に、御神前に御三体の仏様がお降りになりました。中の御一体は黄金に輝いておいでになりました。御阿弥陀様との御言葉で御座いました。

昭和三十三年二月十三日、長瀬史枝氏の体験

この日長瀬さんがお詣りなさいまして、娘達夫婦と別居したいのですが、どの方面に家を探したらよろしゅう御座いましょうか、とお尋ねなさいますので、お伺い申しますと、

『お社より東南に当たる所に、二百五十万円の売家がある。』

との御神言に早速探されますと、丁度その方位に二百五十万円の家が御座いました。新築ですので大喜びなさいまして、買取り移転なさいました。

又ある日お詣りなさいますと、

『倅吉之助によく伝えよ。今のような我儘勝手な生活をしていると、今に節分が来たら、一つしか無い命を失うぞよ。』

との御注意が御座いました。すると二月五日に自動車事故に遭い、車は大破しましたが、幸い運転手にも傷が無く、本人吉之助氏だけ、二、三針口のところを縫うような怪我で済みました。

昭和三十三年二月二十三日の七星会の時

御神前の右側に大きな星が光っているのが拝めました。

二月二十六日午後二時

南の空に大きな星が現われ、強い光を放っておりました。不思議に思い、大神様に伺いますと、

『今年は天変地変があるから、無事を祈れ。』

との御神言で御座いました。

昭和三十三年二月二十五日、星野孝子氏の体験

朝、私が鏡に向かって髪を梳しておりますと、鏡の中に星野孝子さんが、お鳥居の駒寄せを開けて入って来られるのが見えます。早くからお詣りになられたなと思いましたが、さほど不思議とも思いませんでした。ところが暫くたってお社へ行き、御拝殿から御門のところを見ると、丁度星野さんが駒寄せを開けて入って来られますので鏡の事を思い出し、星野さんに、今朝早く貴女が今のように駒寄せをあけて来られるのが鏡に写りましたと申しますと、

「実はおみそぎの時間が遅くなりましたので、大神様やお代様に一生懸命お詫びを致しながら出て参りました。それできっと大神様がお聞きとり下さいましたので御座いましょう。」

と言って喜んでおられました。一心に祈れば通ずる事を知らせて頂きました。

昭和三十三年十二月二日の出来事

社務所の入口の柱や障子の腰板に猫の爪跡がひどく付いているのに驚き、みそぎをしていた信者の人が知らせて見えたので、大神様に伺いますと、

『表札が代の名のままになっている。若（博）に譲った今日、表札も名儀を変えておけ。年も新しく変わることを故、早くせよ。』

との御注意のためで御座いました。

昭和三十四年元旦

元旦祭の後、大神様御降臨になり、

『今年は天変地変の多い年だから、信者に伝えて無事を祈らせるように。』

との御注意がございました。殊に、台風の予報が出た時には充分に注意するようにとの御言葉で御座いました。

二月三日の歳旦祭の時にも、元旦と同じ御神言が御座いましたので、信者に伝え、国中事無きを祈りました。

元旦の御神言の如く果たして九月に、伊勢湾台風（十五号台風）で名古屋全市に多勢の死者が出られ、大変な被害がありました。

東条輝雄氏一家の体験

名古屋の新三菱重工の社宅におられた東条美代子氏の一家に、八月の始めに、

『八月十五日までに東京へ一家揃って移転するように。』

との御言葉が御座いました。ところが長男正城さんは、学校の都合で、昭和区西畑町養林寺に預けることにするとの御返事でした。ところが大神様は、

『本人の一大事だ。学校を一年休学してもよいから連れて上京するように。』

との再三のお言葉に、揃って上京して来られました。九月になって、あの恐ろしい伊勢湾台風で養林寺の本堂はつぶれました。一家のお喜びはたとえようもございません。正城さんはそれから深い信仰に入られました。

東条氏が又名古屋へ移転なさいます時、

『五年すれば東京へ帰って来る。主人は政府が起こす会社へ出るようになる。もしかすれば外国へ行くようになる。』

との御神言でした。丁度上京された時が五年目に当たりました。

自然社の御神占のこと

同年七月の或る日、湯浅静枝氏が自然社の依頼を受け名古屋の信者の御神占を頂きに詣られました時、大神様御降臨になられ、

『名古屋の者達は、むやみと墓所を掘り返すが、今に一大事が起こる。気の毒だが仕方あるまい。』

との御神言が御座いました。果たして九月に十五号台風で名古屋全市は目もあてられぬような大被害を受けました。多勢の死亡者、行方不明の人、怪我人、家を失い飢餓に苦しむ人達で、テレビを見ていてさへも、胸が塞がる思いで御座いました。

昭和三十四年六月九日朝、午前六時

三人で朝のお祈りを致しておりました。御神前が急に紫色に輝き出しますと、黄金の観音様がお降りになられ

ました。博や、清光さんに拝ませようと思い、呼びますと、お姿が見えなくなりました。余りの勿体なさに御神前に一人泣き伏しました。

余りのひでりに大神様に雨乞いを致しました。一週間断食をして、一心に祈りました。大神様のお恵みにより、東京の付近一帯に、思いもかけぬ雨が降ってきました。余りの嬉しさにこの時の新聞を切り抜きました。

小島直子氏の体験

或る時、お孫さんが風邪をひかれたのでお詣りにみえますと、大神様が、

『この孫の足は脱臼しておる。今のうちに治さぬと、ひどいちんばになる。』

との御言葉が御座いますので、お尋ね致しますと、

「私は今迄一寸も気がつきませんでした。早速医者に診て貰います。」

と言って帰られました。次の日に東大病院で診て貰われますと、御神言のように脱臼しておられました。医者からも、

「よくこんな時に気が付きましたね。なかなかこんなに幼い時には気が付かないものですが。」

と言われ、今更ながら大神様のお力の偉大なこと、御慈悲に感謝され、御神恩に報いるために精進を怠らぬと、お誓いなさいました。

昭和三十五年元旦

元旦祭の後、大神様御降臨なさいまして、

『今年は世界中に天変地変が起こる。信者一同に申し伝えて事なきを祈れ。』

との御言葉で御座いました。

果たして五月に南アメリカ（チリ）に大地震が起り、多勢の人が死亡し大変な被害がありました。そのため日本でも、太平洋に面した方面には大津波がおこり被害も大変でした。

昭和三十五年八月八日

昭和三十五年八月八日の御祭典の時、玉光大神様御降臨になり、

『代よ、世界情勢が険悪になり、今、日本は大変な危機に立たされている。日本のため、世界平和のために、小豆島の本宮に帰り祈念せよ。』

との御神言により、その日の夜、瀬戸号に乗り帰島致しました。翌日から台風のため、外に出る事もできませんでした。やっとおさまりましたので巡拝致そうと致しますと、再び台風がやってきました。この時の台風は四国方面に大変な被害が御座いました。

十六日、十七日と清滝山へ登り、静かな御堂の中で、親子三人が世界平和を心ゆくまで御祈り致しました。この時に不動明王様がお降りになりまして、

「玉光神社宮司本山博、汝は神が世の救い主として定めおかれたる者なり。今こそ世界平和のいしずえを築く時であるぞ。世のために尽くせよ。」

と仰せになって御昇天になりました。

その後、地蔵尊がお降りになって、

「汝の妻や子は吾が預っておるから、心おきなく世のため、人のために尽くせよ。」

との御言葉がありました。この頃は、博は結婚致しておりませんので、私はお地蔵様の御言葉の意味を解しかね、異様な心持ちで山を下りました。

昭和三十五年八月三十日

御神言によって、宮司、代人、湯浅泰雄氏と三峰山へ世界平和の祈りのため登山致しました。又一つには、宗教心理学研究のため、ここにお籠りしている行者を調べるために参りました。

この時、滝の所でお祈りしていますと、大神様がお降り遊ばし、

『代よ、そち達を登山させたのは、今、世界が三つに分かれて大戦を起こそうとしている。このままで行くと、三年後には必ず大戦が起こる。日本は火中に巻き込まれ、しまいには属国になってしまう。難かわしいことだ』。

との御神言が御座いました。私達三人は一生懸命世界平和の祈りを捧げて下山致しました。

伊藤万代氏の体験

伊藤万代さんが初めて詣られた時、お婆様が出られて、

「万代、万代。」

と言って出られました。伊藤さんはその頃友恵と改名しておられ、幼名の万代を忘れていられましたが、思い出し、みたまに詫びていられ、その後は万代と呼ぶことになさいました。

後に故郷にお墓詣りをなさいました時、お婆様の大好物の餡入りのお餅をお供えなさいました。帰ってお宮にお詣りなさいますと、お婆様が出られ、

「昨日のお餅は美味しかったが、ちと硬かった。」

と申されたので、伊藤さんが驚いてお話しになったところによりますと、帰郷の時間に間に合わぬため、昨日の残りのお餅を買ってお供えなさったそうで御座います。今後は決して勝手なことはせぬと詫びていられました。

また堀ユキコさんは伊藤さんの娘さんのお姑さんにあたる方で、この方もお詣りになると、いきなりお母様が出られ、

「アヤコ、アヤコ」

と（幼名を）呼んでいられるので、伊藤さんも驚かれ、お互いに改名は祖先に対して済まないことだと言って、改めると言っていられました。

昭和三十六年二月二十四日の夜の体験

一日のお勤めも終え、休んでおりました。余り日照り続きのため、悪い風邪が流行し、火災が多いので、明日から断食をして雨をお願いしようと思い、お誓いして休みました。翌朝目を覚ましますと雪が降っています。間もなく雨になりました。勿体なさに床から飛び起きました。そして大神様にお礼を申しました。又満願の日の三日の夜から雨が降り出しました。

博が学位論文提出に、夜遅くまで勉強致し、寒い中を帰ってゆく姿を見て、あれの事ばかり案じてお願いしていた事を、大神様にお詫び致しました。そして、もっともっと広い、高い立場に立ってお祈りしてゆく事をお誓

い致しました。

大神様有難う御座いました。

昭和三十六年五月八日

お祭りの時、

『今年は大きな台風が吹いて大火災が起こる。今から皆でよく祈るように。』

との御言葉がありました。

五月十五日地主神の大祭の時、

『五月の末に北の方位に大火がある。皆でよく祈り、火の用心をせよ。又、九月には必要以外の旅行をしてはならぬ。』

との御言葉が御座いました。

同年九月十一日より二十一日間、世界平和のため、また天変地変により災害を受けぬようお祈りをしました。この間、十八日に国連事務総長（ハマーショルド氏）がアフリカで飛行機の墜落で死亡。十五日より十七日まで、第二室戸台風により、大阪、神戸、四国方面に大変な被害がありました。東京地方へ来るとの報道でしたが、十六日の午後六時よりお祈りを始めましたところ、その時間から風がそれて、東京は何事もなくすみました。その時大神様が、

『まだこの後台風があるから、十月二日迄祈れ。』

との御言葉がありました。信者の方々にも告げてお祈り致しましたところ、二十三号台風が一日より発生しまし

たが、シナ大陸にそれて被害をまぬがれました。

昭和三十七年五月十一日の御神言

『今日より百八十日間、十一月九日まで、般若心経を唱えて世界平和を祈れ。今、世界が三つに別れて、戦争をおこそうとしている。又、清光とカヲルとの罪障消滅を祈れよ。』

と仰せになりました。

昭和四十年四月二十六日の御神言

『或る国の大統領が病気で、今倒れると戦争が起こる。それがために代人を一週間寝かしておる。』

との御事でした。代人は二十四日より体が悪くて休んでいました。御神言があったので、三十日迄お祈りを止めてお休みしました。

昭和四十年十二月二十二日

朝の祈りの時、玉光大神様御降臨あらせられ、

『代よ、二十四日から三日の間、ベトナム戦争終結を祈れ。又国内に何事も無いように祈り、信者一同が無事に越年できるよう祈ってやれ。』

との御神言が御座いました。信者の方々にも申し上げ、朝六時から八時まで御祈念致しました。

三日目の二十六日の日、

『後一週間、祈りを続けるように。』

との御神言により、お祈り致しました。すると、米国の大統領の霊と、他に二人、インドとソ連の首相、北ベトナムの大統領、英国の首相、中国の主席と、それぞれ重要な人達のみたま（生霊）をお呼び出しになって、

『即日戦争を止めて和平を誓え。』

とお諭しになりました。お祈りが済んだ後、宮沢和歌子様が、

「お代様、あなたのお背中や後の方に、シルクハットをかぶった人や頭にターバンをかぶった人達が幾人も見えました。何かあったのですか。」

と言われました。私が御神言を頂き、見た通りの人達を、宮沢様も御覧になられました。尊いお祈りでございました。

昭和四十一年元旦

玉光大神様が御降臨あらせられ、

『代よ、皆に平和になる、安堵しておれと伝えよ。』

との有難い御神言が御座いました。

代人詠める

今年こそ吾が生涯の花の春

二日朝、一人静かに御神前に額づいていましたら、み鏡に釈尊《しゃくそん》が御出現になりました。そして私がお祈りの間

中、私を見ていて下さいました。お祈りを終えても、私の肉眼に、はっきり見えておいでになりました。

一月十一日、午前十一時三十二分、インドのシャストリ首相急死。

十一日午後七時、ラジオニュース発表。アメリカ政府が北ベトナムへ和平交渉の覚書を直接手渡した事の発表がありました。同じ十一日の新聞にもこの記事が発表されておりました。

一月十三日羽田空港での御神言

午前十一時三十分、アメリカの人から招かれて、宮司が、マニラに研究のために行きました。飛行中の博の無事を祈っているうち、玉光大神様が、

『今、一心に世界平和を祈れ。』

との御言葉があって、飛行機が去った後も暫くお祈りしておりました。すると、

『代よ、二月四日、或いは八日には、ベトナム戦争が終結するであろう。』

との御神言が御座いました。お見送りの皆さんにも、今、大神様から良いお言葉があったと申し上げて、皆様へロビーでコーヒーを差し上げ、モノレールに乗って帰途につきました。

一月十七日、玉光大神様が、

『代よ、そちは今日から一週間、ベトナム戦争終結のために祈れ。信者の者には、二十六日から四日間祈らせて、徳を積ませてやれ。』

との御神言により、皆様に伝えて共々にお祈り致しました。

二十六日の朝、マニラにいる宮司から帰国の電報が参り、二十七日夜十時三十分、無事帰国致しました。

アメリカのシャーマン氏のこと

二十八日にマニラから一諸に来られたアメリカ人二人と、日本の方一人（豊田氏）にお昼のお食事を出しました。その席でアメリカのシャーマン氏が、ベトナム戦争は拡大するか否かをお尋ねになりました。又自分は今から先、世界の人類を救うために、何人かの人達と国際的な研究所を作りたいが、成功するか否かをお答えして下さいと言われ、大神様にお伺いしているうちに、御降臨遊ばされ、

『五人の者で協力してできる。又、ベトナム戦争は、一時拡大せるが如く見えても、すぐにおさまり、終結するであろう。時期は近きうちだ。』

との御神言でした。

私は今日まで沢山な外人の方々が宮司の研究所にみえますたび、お茶やお席を設けて、お食事を出しました。そのような時、宮司が私を霊媒として紹介致しますので、先方がすぐ何や彼と質問されますが、お答えした事もなし、お答えする気にもなりませんでした。まして今、玉光大神様が御降臨遊ばすなぞ思いもよりませんでした。国を憂い、世界の平和を願う真心には、どこの国の何人にも、大神様はお言葉を下さいます。そしてお助け下さいますので御座います。私も、シャーマン氏に、貴方の母方の祖父の厚い信仰のために、貴方の今日の名誉あるお仕事ができるのだと申して上げました。するとその通りで、氏の母方の祖父は神父様で、州のためにとてもおつくしになり、多くの方々をお助けされたそうで御座います。氏は眼に涙をためて、私を見つめて合掌をしていられました。その後、氏や宮司達が英語で話していることを聞き、言葉は解りませんのに内容が解って面白く、不思議なものだと思いました。ベトナムの戦争の事や、核戦争になったら地球はどうなるか、月へ行けるか、その後どうなるか等の話で、氏が私にも月へ行けるかとのお尋ねがありました。私は行けると答えました。

その後研究の事など頼もしく聞いておりました。

昭和四十一年一月二十九日

二十九日の夜、お祈りの後に、

『代よ、後一週間祈れ。ベトナム戦争もおさまるであろう。ベトナムの方から和睦を申し入れて来るであろう。この戦争はシナが邪魔して、どうしても終戦にならぬ。アジアの国々を一手に握ろうとして、方々の国へ働きかけているので困る。よく祈れよ。』

との御神言に、

「ソ連は大丈夫でしょうか。」

とお尋ねしましたところ、

『ソ連は自国の力を知っているので、今は戦争は起こさぬ。なかなか利口者じゃ。』

との御言葉でした。

五、神の奇蹟とお諭し（未整理のノートから）

兵庫県社町持宝院でお祈りした当時の事

一、持宝院の前のお池で水死者が絶えないのでお浄めし、その後は落ちても人が死ななくなったこと。

二、社町のお菓子屋（金川菓子店）のおばあちゃんが大病にかかり、死の時間を待つ程の人が助かり、次の日に私のいる家にお礼詣りされたこと。

三、岸野助十郎氏の工場の火災のこと。

四、岸野氏の次男徳七氏が三千ボルトの電圧に引っ掛かり、鼻や口、耳から火を吹いて、高い所から落ちられたのに助かったこと。大阪病院から氏の代参の方が小豆島まで、徳七氏をこのままでおけば全身に毒（えそ）が廻り命が危いと医者の言葉に、腕を切り落とすか否かを伺いに詣られたこと。

『切るな。必ず助けてやる。』

この御神言に、医者の反対を押し切って、腕を切らずに助かられたこと。

五、兵庫県多加郡松井庄光明寺のこと。

光明皇后の勅願寺であったとの御神言に、寺に狂人が出る因縁、大火が出る原因をお知らせ下さったこと。現在奥様が気が狂って、お子さんを殺されたことに苦しんでいられたこと。神様が御注意下さってから一年の間に、三回火事がおこったが、御神助によって大火にならずすんだこと。

四代前のお寺さんが壇家の娘さんに懸想をして、村の若者とその娘を取り合いして気が狂い、寺に火をつけて焼け死んだ。このお寺さんが他国から流れて来られた時、光明寺へ坐られるように世話した家だけが焼けずに、後は五十軒、村全体が焼けた。その時の有様を、神業で代人によってお見せ下さった。老僧は、十八丁の山を下り、その夜、村の古い老人たちに聞きに行かれ、そのままだったので驚いていられました。

六、社町久目という所の大家の御主人が、日ならずして野たれ死にするとの御神言があった。一年の後、西脇という所へゆかれる途中、腹痛のためバスから下車し、道辺にしゃがみこみ、そのまま死去され、五里も離れた

所のため、知り人もなく、薦《こも》を掛けたままにおかれたこと。

七、社町天神という所にあるお寺さんへお浄めに行った時、御神言があって、

『この僧は一年のうちに水死する。』

とのお言葉がありました。ところがその年のお盆に、たな行に行かれ、お酒を呑み、帰途、池で水を飲もうとされて溺れ死にされましたことを、半年後に、持宝院に行き、その事を聞きました。

八、社町喜多村の大村氏のお墓は、どうした事か、皆お墓が死んだ人の背中を拝むように建ちます。

「直し替えたり、お掃除をした人は必ず死にます。すでに四人死んでいます。それで今はお墓掃除は他人の方に頼んでおります。こわくてお墓掃除もできません。」

と言って詣られました。お調べしてみますと、その家の先祖の方が、戦さに破れて落ちてきた人を、寺でかくまっていたのを訴人したため、寺も人も焼き殺された恨みにたたられてのことでした。大村氏の持ち田圃から、古い「布目《ぬのめ》がわら」が出てきたそうで御座います。寺のあった所が自分の持ち物になることも、恐ろしい因縁だと思いました。

大神様から橋本郷見氏にあった御神言

『道にある者は、自分のための願いのみ祈っていてはならぬ。そのような事では却って道は開けぬ。信仰の道だけは、年数でもなし、男女の差別はもとより、貧富の差も上下の差別もない。ただ真実の心があるのみぞよ。自分の人間の道を忘れて何の道があろうぞ。自分の道を真心で歩んでこなければ、神の道へは通じない。』

との尊いお諭しがありました。

戦争中の闇のこと

戦争中に闇が横行し、自分はどうしたらよいか、と某氏のお尋ねの時、

『雨が降る時には傘をさせ。そちだけ濡れて歩いても、風邪を引き体を痛めるだけだ。ただし、天気になったら早く傘を取れ。いつ迄もさしていると、これまた日陰にばかりいるのと同じように病にかかる。』

とのお諭しでした。

三月十八日　溝口国子様へのお諭し

こんにゃくにたとえて、代人へのお諭し（豆腐、はんぺん）のこと。

豆腐やはんぺんに魚の味を求めてはならぬ。豆腐は豆腐の味をあじわえ。

高野山でのお諭し

兵庫県社町持宝院田村快賢老僧の依頼を受け、法院様と藤原靖三氏と共々高野山に詣る。マッカーサーの命令で高野山が没収される事になり、各寺院の一大事とあって、御祈願に詣りました。この時に、

『代よ、そちは一宗一派にとらわれるな。今に寺が欲しければ寺を建ててやる。宮が欲しければ宮を建ててやる。吾は全体の上に立っているのだ。そち達もその心でおれ。』

との御神言がございまして、お山を下りました。

御神助

昭和二十二年に上京してみて、信者の誰もが無事であったこと。

池田重信氏宅は、昭和二十年五月二十五日の空襲に全焼されました。

名笛のお諭し

『北側の竹籔に出来た竹からでないと世に残るような名笛は出来ぬ。南側の陽の照るところでのびのびと出来た竹は役に立たぬ。北風にさらされ、重い積雪に堪えてきた竹でないと駄目だ。人間も、苦労に堪えた者でないと、いざという時の役に立たぬ。』

とのお諭しがございました。

御神言

『神を知ろうとする人は、先ず己の心の中をさがせ。己の心の外に、神のいるところはない。』

信者への地下水のお諭し

信仰に迷い、いろいろな教会を転々と変わり歩く人へ。

『神の道を求める者は、広く、長く、未来に続くものと知れ。道を求める者があやまちやすい事は、丁度大川にのみ水が流れている如く思って水を求めに行っているが、己が今立っている足元にこそ、尽きる事のない地下水が流れている事を知れ。この水こそ、人間は言うに及ばず、草木ことごとく、春には恵みの花を開き、秋には

実を結ぶ。来る年も来る年も変わる事のない営み。然るに人は皆、川にのみ水がある如く思い、己の背丈も計らず、川の深さも知らず入りこみ、目に見ただけが川のすべてと思いこみ、押し流されて苦しみ、もがいている。神を知ろうとする者は、先ず己を知って時を待つ事だ。』

との御言葉でした。

先祖の俳句

土井永市氏がお詣りになった時、祖先の方が出て見えて、御自分で作られた俳句、

「なんとなと言へ初秋を酒の味」

と申されたところ、氏が、

「それは違うでしょう、初春でしょう。」

と言われますと、

「わしが作った俳句だもの、間違うものか。うそだと思うなら家に帰って見てみよ。家になければ京都のお寺へ行ってみい。額が懸かっている。」

と申されました。家でお調べになりましたら、御祖先の言われた通りでした。

三浦雪氏へのお諭し

神占室のお床に菊の花があって、その花によってお諭しがあったこと。

ある日、三浦様がお詣りになって、御自分が信仰される事を御主人が快くお思いにならないために苦しんでい

られるので、どうしたらよろしいかという事のお伺いの時のお言葉に、床の間の菊の花をお示しになり、『お前の信仰は、この床の間の花のように、所を得、時を得て、綺麗に咲いてはおるが、根がないためにやがては枯れて、散ってしまう。大地に根をおろした信仰をせよ。そうすれば、時が来て、春が来れば芽を吹き、花を咲かせる事ができる。上から見れば水も何も見えぬが、根をおろしておけば、地下水（神のお恵みの水）が絶えず流れているから、枯れる事はない。子々孫々に伝えて、先は栄えるであろう。』という御神言でございました。

坪井鹿次郎氏と妻その尾氏

昭和三十二年（一九五七年）一月二十日の出来事。

坪井家の御過去帳の中だけが焼けて、火災にならずにすみました。

一木涼子氏

一木家が全焼になりました時、灰の中から真言の経本が焦げただけで出て来ました。涼子氏も顔に大やけどをなさいましたが、大神様のお恵みによりまして、跡かたもなく、綺麗にいえました。

高田信一氏と妻義恵氏

昭和三十三年（一九五八年）五月二十六日十二時四十分の出来事で、義恵氏がお掃除をしている時に、目の前のお仏壇の一尺六寸位の高さの所から、唐金《からかね》のお鈴がころがり落ちて、コナゴナに砕けました。この砕けたお鈴

を持って、大神様にお伺いにみえました時の御神言は、

『今広島に旅行中の主人の大難が逃れた。』

との事でしたが、お帰りになってからの話に、

「丁度その時は、広島の中を観光に行くつもりだったのを、急に小豆島へ行く心になって、小豆島へ行った。」

との話で、それで命が助かったわけでした。

鈴木　実氏

玉光大神様の御指示によりお浄めの結果、鈴木実氏宅の、三代前から一度も実をつけたことのなかった梅の木に実が出来ました。

鈴木恭二氏（味の素）

鈴木恭二氏の家の因縁のお調べの時に、霊《みたま》の言葉通りに、馬のクツワが出ました。」

渡辺義雄氏と妻隆《たか》子氏

渡辺義雄氏の御子息が火難をまぬがれたレインコートのこと。

隆子氏が玉光神社の祭事に参列するために出掛けようとされましたが、来客で取り止められた。お客が帰られた後で家でお祈りをしていた時間に、御子息が着ていたレインコートだけが焼けたのに、別に他には異常がなく助かったこと。

木暮一雄氏と妻昌子氏

木暮一雄氏の家庭の出来事で、大神様の御神言に、

『家庭内が輪（和）を欠いている。』

というお諭しでした。

山本やす氏の家の袋

山本家に言い伝えにて開かずの袋であったのを、先祖のお浄めを願い、その直後に当主進氏の妻美智子氏が抜いて見ました。お不動様のお守りが入っておりましたのですぐに神社へ持ち参り、御神占を頂きましたところ、人を殺したあと盗んだ物でした。

小黒るせ氏

小黒るせ氏の祖父のみたまが運ばれし籠。

杉山トメ氏とガラスの皿

昭和三十五年（?）頃、重ねたお皿を持った折に、一枚手に持った折に、二つに割れました。この時の御神言は、

『同じお腹から生まれても器《うつわ》が違う。』

という事です。

トニー氏の実験

昭和四十一年（一九六六年）二月八日の玉光神社の感謝祭のあと、玉光神社にて、マニラより来日した、トニー氏（二十六歳）が厚いバンソウ膏を指で切りました。

ローソク

宮沢源吉氏が三女たつ子氏の御結婚式の朝お祈りをしている折に、自然社の事についてのお知らせのあったローソク。

押し花（つつじ）

玉光神社境内の奇蹟で、現在地主様をお祀りしてある土地に大きい松の木があり、その根元を掘った折に、土器が沢山出てきました。その時に、この土地の神様でここに住んでおるとのお言葉でしたので、丁度御神殿を造営中でしたので、

「落成してから地主様のお宮をお建てします。」

とお約束いたしました。その後、御神殿落成後、おみそぎをしている信者が指を切る方が多く出られ、又昨年まで八重のつつじの花が、今年は一重の花を付けました。信者に分けたつつじは、前年通りに八重の美しい花を咲かせているとの話で、お伺いしますと、地主様が怒ってお出になり、

『約束がちがう。静かにしているところを掘り返し、御神殿が出来たら宮を建てると約束したのに、まだ建てない。』

とのお怒りでした。それを知らせるために、八重のつつじの花が一重になって咲いて、私の眼に止まったわけです。それから早速に地主様のお宮を建立申し上げ、お鎮まり頂きまして現在に至り、毎年五月十五日は大祭としてお祭り申し上げております。

岡本徳太郎氏に対して御神言

大東亜戦争が激しくなり、すべての品物が統制されて規則が厳しくなりました頃に、日本橋の岡本徳太郎氏がみえまして、闇の仕事をお伺いにみえました時に、大神様が御降臨になりまして、

『ポケットの中の手紙を読んでみよ。』

と御言葉でした。丁度お詣りに出かける時に届いた封書をそのままポケットに入れてあったので、開いてごらんになりますと、闇取引の商売をしたら刑罰は厳しい事が書いてありました。お伺いにみえた闇の仕事をすれば、当時のお金で六万円という大した儲けのある仕事でしたが、岡本氏はこの手紙を読んで見よとのお言葉に、

「これではどうにもお伺いもできず、金しばりにあったようです。」

とおっしゃいました。すると大神様が、

『そちがこの仕事をやめると六万円損をするが、もしすれば、そちを含めて四人の者が縛られる。代わりに吾が困らない仕事を授けてやるから、安堵して待っておれ。』

との御神言がございました。その後、間もなく岡本氏は政府の(公)査定委員に任ぜられました。その直後に逓信省の御用商人になられましたので闇をせずとも堂々と生活なされました。

前にも書いてありますが、矢張り戦時中に、闇もせず正直にして大変苦しんで生活している人への御神言は、

『雨が降ったら傘をさせ。しかし晴れたらば、いつ迄もさしていると日陰になって腐るから、早く傘をつぼめよ。』

と仰せになりました。病気をしたら祈っているだけでなく、お祈りを第一に、そして病気に合った治療をせよ、とのお諭しに通じます。

代人への御神言

おかげを頂いた当時の始めの事ですが近くのお不動様を祀ってある家の先生が、大神様のもとへお詣りの方がふえてきた時に、大変にねたみ心を出し、

「自分の祈りのために信者がよくなる。」

とか種々言うのが私の耳にも入り、若い私がつい腹を立てた時の御神言に、

『花は向こうへ持たせよ。自分が持つと手が疲れる。花は人に持たせよ。そしてこちらから眺めておれ。』

と仰せでした。

御守護頂くこと

戦争前に明治神宮参道前に住居しておりました頃、或る日、夕方のお勤めをしております時に、大神様が御降臨になり、

『某氏のために祈れ、今、人の判を使用して悪い事をしようと考えておる。』

とのお言葉なので、

と思いつつも一心にお祈り致しました。そのうち、

「あの方がまさか‥‥。」

『もうこれでよい。』

とのお言葉でした。それから幾日かたって、さきの某氏の奥様がお詣りになって、

「この判を柳田氏にお返し下さいませ。実は主人から話を聞いて、びっくり致しましたが、この判を主人が使って、大それた事をするところでしたが、ふと考えなおして悪い事をしなかったそうです。もし心のままに実行していたら、主人は縛られ、家族一同は悲しい目に会う所でした。大神様にお守り頂いた事を本当に有難く御礼を申し上げます。」

とおっしゃいました。この御話は、お願いをして物事ができるとか、病気がなおるとかいう事もお恵みであり、御守護ですが、心の動きを正しく働かせるようにとのおはからい!! これこそ最大のお恵みと存じます。某氏の奥様が判を直接にお返しになればよいものを、私を通して返して欲しいとおいでになった事は、私が御言葉を、つかの間でも、

「まさか、あの方が‥‥」

と疑ったためのお諭しでございました。

御門の杉の木の大木が倒れたこと

御鳥居前の杉の木が倒れた時の御神言に、

『まよいは一切の物の働きを止めてしまうということを知れ。』

中村太一氏

中村太一氏の前へ雀が落ちて来たことにより御神言ありしことを書く。

高円寺の時

博が、お茶を入れて飲もうとしたところ、コップが、まん丸く取れた時の御神言

『博が帰郷しようと思っているが、今故郷へ帰るとこのコップのように割れて、お茶も飲めなくなる。』

とのお知らせでした。

信者、某氏のお子さん七歳、モンキイ系状体質の人をお連れになりました。お調べによりますと、祖先の人が子持ちザルを打ち殺したために、たたりを受けていられることがわかりました。お諭しして帰られた夜、私のところへ殺された猿が出てきて私を苦しめましたので、よく諭し、大神様にお願いして帰しました。丁度その時間に子供の父親が自動車に轢かれ、あやうく命を取られるところでした。大神様のお恵みで三ヵ月程入院されましたが、退院後は何事もなくいられました。

玉の光のお祝詞を作る時の御神言のこと。

宮司が外国へ行った留守中、本殿の方へ毎日毎日泥棒が入ったこと。

お巡りさんにも来て貰ったこと、一週間経ったら来なくなったこと。

本宮のお屋根が台風で飛んだ時のこと。

私は大病にかかり、十五年の永い間苦行致しておりましたが、自分の死期を悟り、本宮を初め四国八十八ヵ所へ戦争の時に必勝祈願をかけていたので、死を覚悟で御礼詣りをした時の事を書く。その時に本宮を建てよとの御神言があって建ったことに及ぶまでを書く。

御神言によって東大病院で手術を受けた時の状態を書く。

土井氏の因縁消滅のこと（四十五歳）

土井氏が朝鮮の人をお世話して、弁護士にする。その人の父親が頼みに出た。

柳田毅三氏

南方の人が出て、指輪を返せ、と言って、ハズハッセンという人が出たこと。

第三章　行体験の記録

一、七星会によせて

先ずこの筆を取るに先立ち、宮司に心から感謝致します。宮司、有難う。十年という長い年月、よく導いて下さいました。信者と共に厚く御礼申します。いたらぬ母をささえ、よく信者を指導して下さいました。母はあなたから、ヨガのお行や教話を聞かせてもらい、心がひらけ、宮の内にも、信者の方々のお身の上にも種々の奇蹟がおこり、それぞれに幸福な日々を送られるさまを拝見し、心から感謝しています。母自身の上にも偉大な行力をさずかり、心身共に健康にさせて頂きました。大神様にお助け頂き、わが身の上におこる奇蹟のかずかずも、今まではただ不思議なこととのみ思っておりました。御神言を頂きましても、只、そのままを信者にお伝えし、不思議な御力を頂いて勿体ないことだと思って参りました。今にして思えば、何の判断もできなかったことが、御神言をそのままにお伝えでき良かったと思います。どちらにしても、何も学んでいない私は冷汗三斗の思いで御座います。

宮司からヨガのお行や教話を聞かせてもらうようになりましてから、年月がたつにしたがい、玉光大神様の御神言の一言一言が思い出され、深い深い意味、尊い真理をお説き頂いていたことを知ることができました。と同

時に、自分の身内に偉大な力をあらたに感受致しました。この偉大なお力を持って祈れば何事も成就致さぬことはないと確信致し、皆様と共々永年にわたり世界平和を祈り続けて参りました。そのおかげで、皆様も御承知のように世界平和が確立されました。場所的には種々な事柄もおこりますが、今日ではあの恐ろしかった戦争のあったことを忘れる日もあるように、平和な日々を送っております。お宮でも、私が念願致しておりました御本宮が、大神様御発祥の地、讃岐小豆島へ立派に建立できました。また宮司の身の上にも行力が現われ、尊い証しを賜わりました。学問の方も永年の努力がみのり、学位が頂け、新しい学問として世界にみとめられるようになりました。行力を頂きますことによって早く因縁がとけ、妻子もおさずけ頂きました。宮司の因縁のままにいきましたら、大神様の始めの御神言のように、一生独身で大神様にお仕えしたことで御座いましょう。玉光大神様、有難う御座いました。お恵みによって妻子も出来、宗教心理学研究所も建ち、宮司が新しく修めました学問を、アメリカのデューク大学やインドのラジャスタン大学へ教えに参り、再度デューク大学のライン教授の招きを受けて参りました。アメリカからも、プラット博士やヒグビー博士その他の方も四、五人ほど来て下さいました。九月にイギリスのオックスフォード大学で超心理学の国際学会がありまして出席し、研究発表致しました。かねてから行きたいと申しておりましたドイツへも行くことができました。幸いドイツの哲学者ベンツ博士が十余年前日本へ来られた時、お社へ十日あまりお泊りいただいて、宮司に親しく御指導下さいました。その御縁で、此度もベンツ教授をおたずねすることができました。ドイツでは、教授の紹介で他の教授の方々に会い、お話を伺うことができ、自分も深く学び、見聞を広めることができたと申し、よろこんでおります。

七星会が出来、この十年間の出来事を一つ一つ記して参りますと、何一つとして奇蹟でないものは御座いません。教話をきかせて頂いてみれば、当然起こるべきことが起こったので御座いましょうが、あまりにも勿体なく

存じられ、これひとえに御行の御徳と深く感謝致しております。これからも益々精進努力いたして参ります。信者の皆様もどうか十年間の努力を無駄になさいませぬよう、益々精進なさいまして、早く因縁がとけて、御心のままに物事が成就致されますようにおなりなさいませ。それのみお祈り致します。

宮司、信者と共に深く感謝してやみません。　合　掌

宮司におくる

稀人《まれ》の名をおひまして人のため
　世のためにこそつくせ吾が子よ

億万の宝に勝る子宝を
　さづかる吾子よ永き幸ぞも

法母　本山キヌエ

（昭和三十九月十二月八日）

二、瞑想体験の記録（図解）

行を初めた頃

小豆島の弘法のお滝でお行している時、私の前へこの絵のような現象があらわれましたのを拝しました。

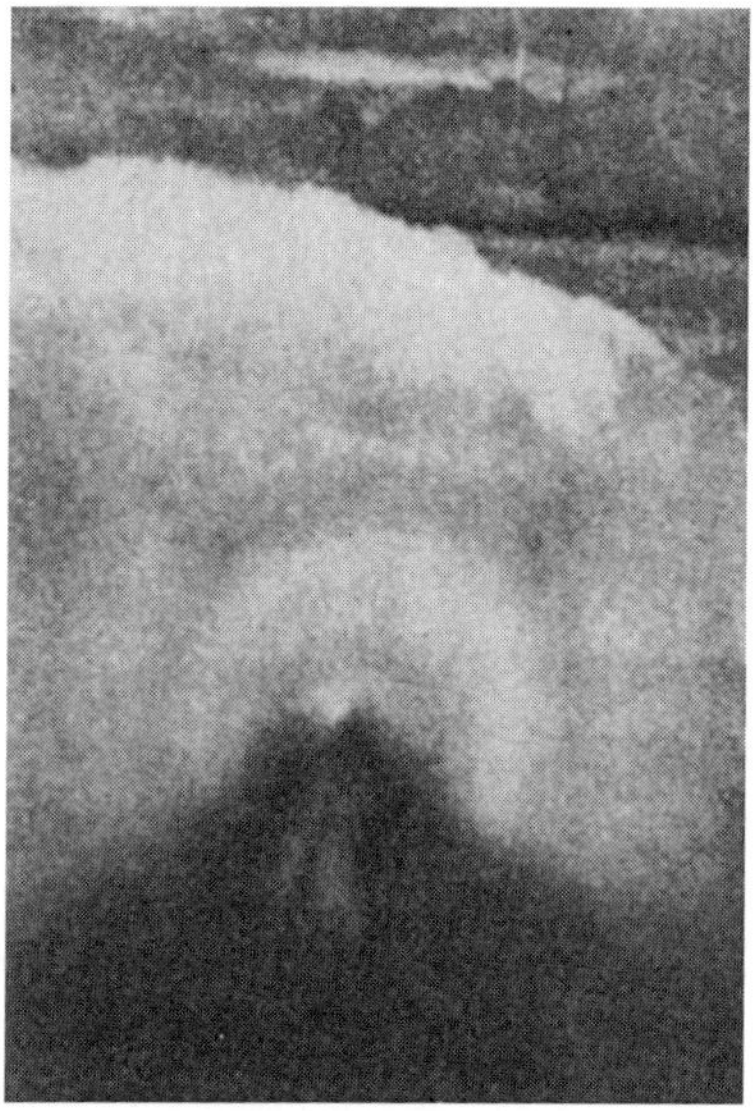

昭和十九年十二月二十日

証を拝す。

私達（代人、清光）二人は、空襲によってあやふく命をうしなう所を、玉光大神様に命を助けられ、お礼を申し上げている時、

『代よ、そち達二人はただちに木曾のお山へ登り、戦争の終結を祈れ。』

との御神言により、私達は二十一日間お山にこもり、必勝の祈りをこめて戦争終結をお祈り致しました。その時、左のような現象を拝しました。大神様の御神言に、

『天神は地に降り地神は天に昇る、このさかさま事を吾は正さん。このようなさかさま事のために地上で

戦争がたえぬのだ。』

と仰せられ、大声に、

『天神は天に昇り、地神は地に降れ。』

と御三唱あそばされ、

『代よ、中津国は護り通さむ。』

との御神言があった後、

『代たちはこれより島の本宮に帰り、時を待て。』

と仰せられました。清光さんが、一度東京へ帰り、後始末をした上で本宮へ帰りたいと懇願されましたが、

『ならぬ。』

とのことで、ただちにお山を下り本宮に帰りました。

この日は丁度十二月二十三日で御座いました。初めて玉光大神様をお祭りしました日、私には意義深い日で御座いました。　合　掌

昭和二十年三月七日

夕方、小豆島土庄町愛宕山の上に、左に書いたよう

な月が出るのを見ました。私はあまりに不思議な現象におどろき、玉光大神様へ伺いましたところ、
『代よ、今に世界がこの月のように三つに別れてしまう。』
との御神言が御座いました。驚いて見ていますと、上の部分がわれて、だんだん下が離れて行きました。

男の姿

昭和二十四年四月八日にこの社務所に移転してから、毎夜、社務所の八畳と六畳の間のふすまに、男の姿が出現しました。農家の人のようでした。後にわかった事ですが、公園だった頃、六畳のあった所に大きな松の木があり、そこで何人かが縊死したそうです。御霊鎮めのお祈りを致しましたら出なくなりました。

昭和二十七年四月八日

玉光大神様の御神言を賜り、宮司本山博がヨガの行に入る。（二十八歳の春）
昭和二十八年十一月一日より、宮司よりヨガを学ぶ。

昭和二十八年十一月七日午前六時

肉眼にて左のおまんだらを拝しました。おまんだら

の中のお舟のようなのは、何のお証しでしょうかと思って博に聞きましたところ、「バン」と言うインドの古い字だと教えてくれました。サンスクリットの「ヤ」と言う字で、愛ということ、物にたとえれば金で、最高のものというしるし。

昭和二十九年一月三日

朝六時、

『今年は風水害もなく、豊作である。安堵せよ』

との御神言を頂きました。

昭和二十九年一月八日午前六時

お祈りの時、左の地蔵尊とお星さまを拝しました。

昭和二十九年一月十三日

朝六時の祈りのとき、左のおまんだらを拝しました。

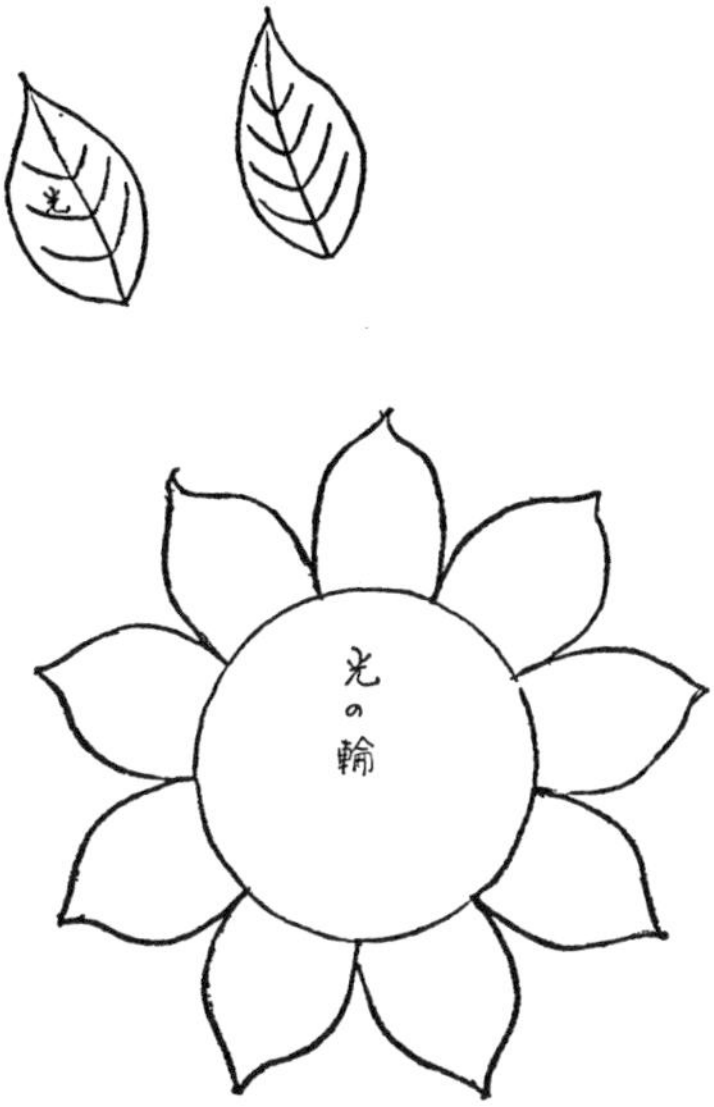

昭和二十九年二月四日

祭旦祭の折、大歳《おおとし》の神御降臨あらせられて、

『今年はまれにみる大豊作であるぞよ。風水害もないによって安堵せよ。』

との有難い御神言で御座いました。

玉光大神様御降臨あらせられ、

『世界平和の見通しもついた。よってこの所に社を建てて鎮まることに定めた。』

との有難い御神言を頂きました。早速準備にかかり、

二十九年二月二十六日、地鎮祭を行ないました。

昭和二十九年十二月十三日

午後三時、山田文子様の御先祖祭りの時、三宝の上に十字架の光りかがやくを拝しました。

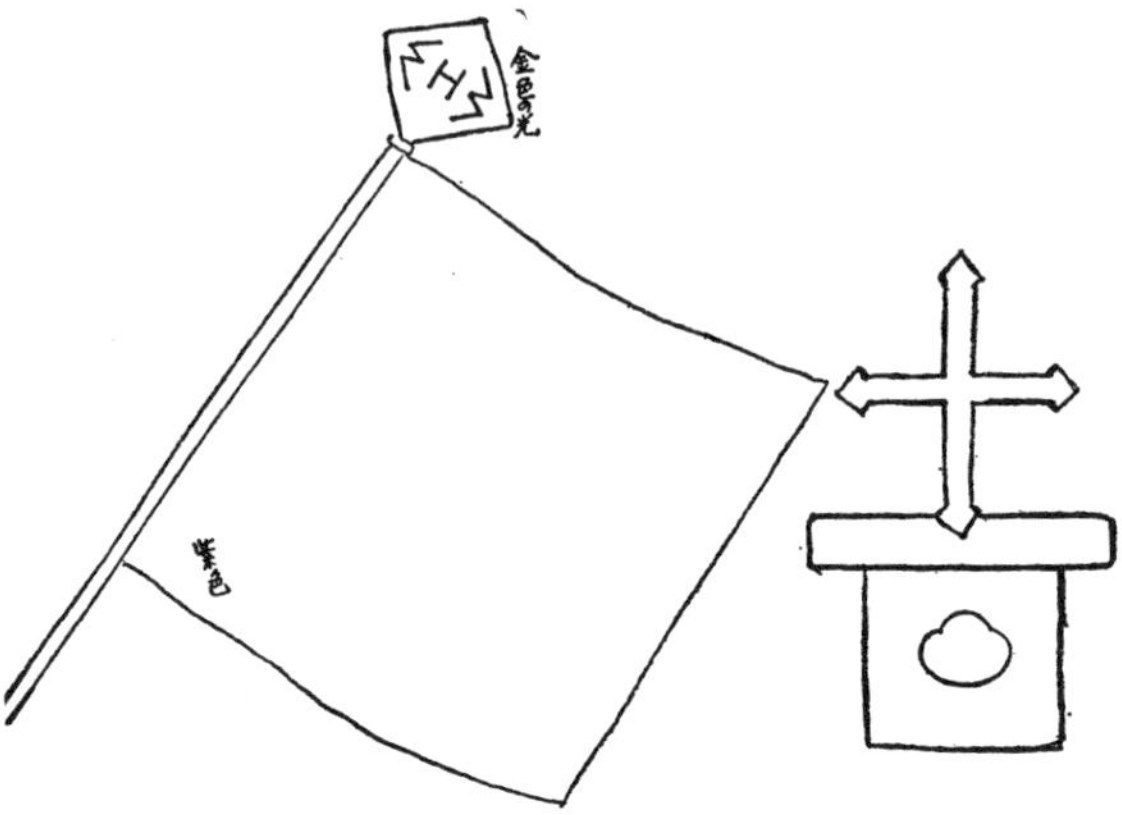

昭和二十九年十二月十五日

午後八時、御神前においてヨガ行を行ないました時、左の現象を拝しました。

御神言

『吾子博の前生の姿だ。』

と仰せあそばされました。

昭和二十九年十二月十九日

御神前にて、大きな日輪を拝しました。

その日の午後、岩鶴家の祖先祭の折、御尊父のお姿がみ鏡に写り、その後、幼い女のお子さんのお顔が見えました。

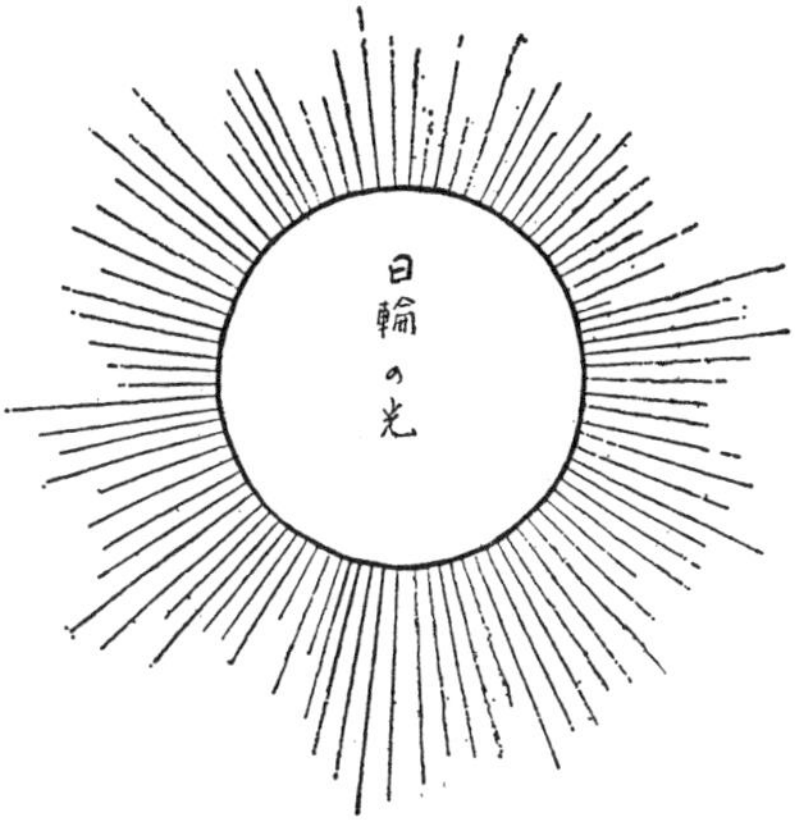

昭和三十年二月一日

左の現象を拝しました。

玉光大神様御降臨あらせられ、

『代よ、今そちが見えた姿は、そちの前生の姿だ。残る罪果があるによってそちの苦しみがあるのだ。心

←日輪の御出現

して精進せよ。』

との有難き御言葉を頂きました。

同日、博の身の上にも左の現象が御座いました。

昭和三十年四月

玉光大神様の御神言があって、宮司より信者一同にヨガの行を学ばすことになりました。

四月、第一日曜日から七星会として発足致しました。その後、十年間続きましたが、御神言により三十九年十二月かぎりで終わりました。

（註　その後、また再開、現在に至る。）

昭和三十年十月三日

午前五時、博が水行を致し、立っている時、左の現象が現われましたのを拝しました。

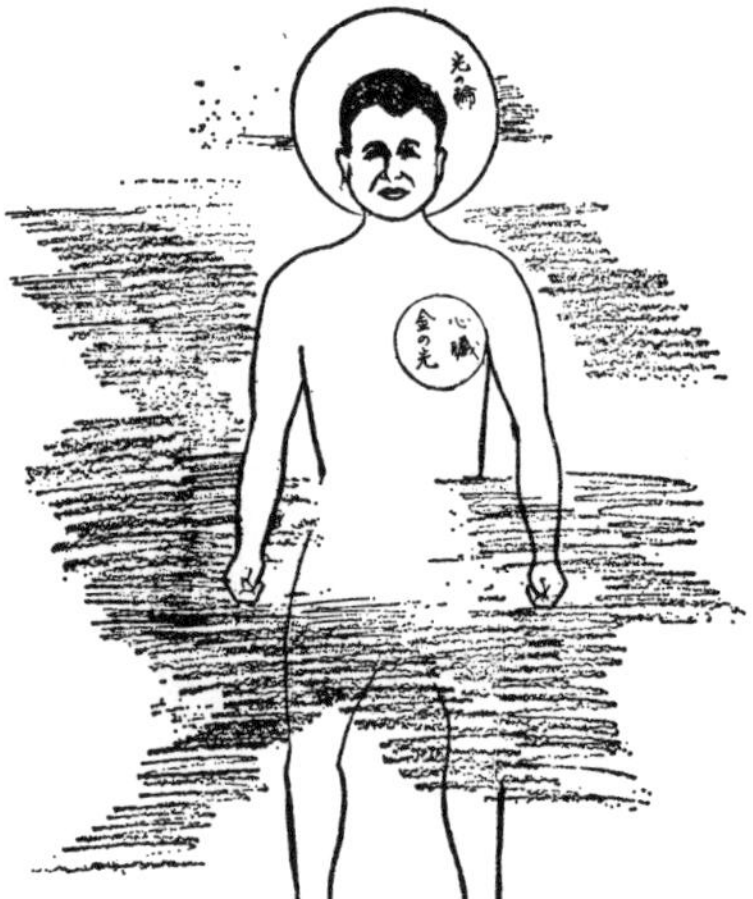

昭和三十三年二月二十三日

七星会の時、御神前の右の方の御簾《みす》の上に大きな星が出て、光りかがやくのを拝しました。お祈りがすんだ後、南の空に星が出て、強い光でかがやいているの

で不思議に思い、御神言を仰ぎました。
『今年はひどい天変地異の起こる年だによって、よくよく事なきを祈れよ。』
との御神言が御座いました。（御神前の時は、それより少し小さかったのです。）

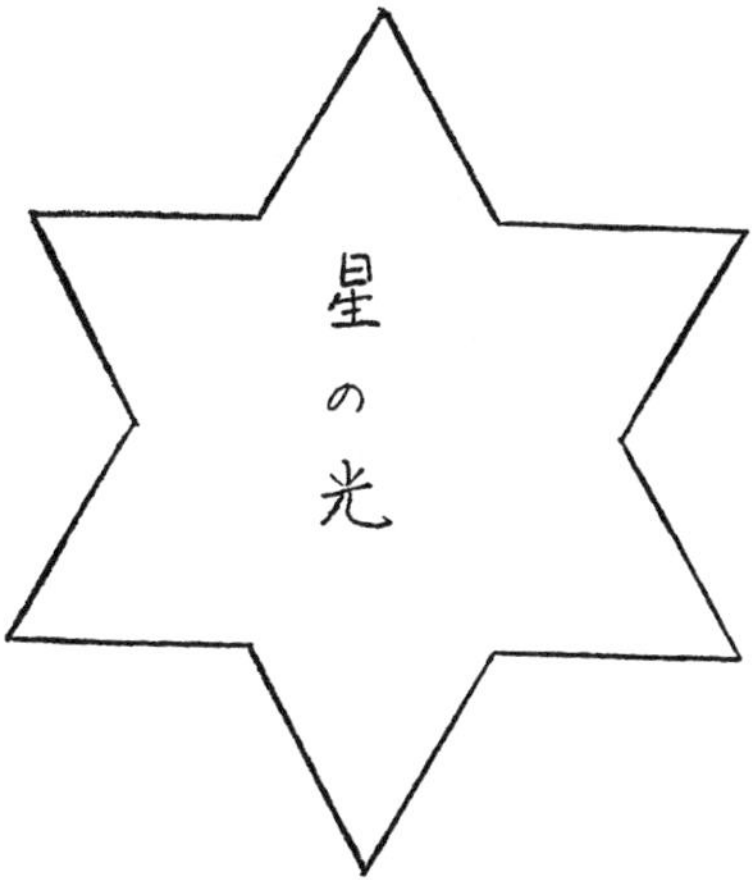

昭和三十四年六月九日

午前六時、私（代人）が一週間断食の行を致しておりました。満願の日朝六時、御神前にて三人がお行を致しております時、観音様の御姿を拝しました。

昭和三十年十月八日

左の現象を拝しました。九日午前六時のお行の時にも、同じ現象を拝しました。

昭和三十七年一月二日

午後二時。この時からお行をする時には、必ず明治天皇の上御半身が御神燈の前にお現われあそばされました。お国を憂いての御様子がうかがわれました。

昭和三十八年八月一日

小豆島本宮において、宮司始め信者有志と土用の行を行なう。その時拝した証しをしるすと共に、同行名をもしるす。

宮司　本山　博
代人　本山キヌエ
千勝神社宮司　千勝　重次
湯浅　泰雄
伊達　敏夫
小森　庸光
東条　正城
湯浅　静枝
柏原スミ子
木暮　昌子

八月二日。左のような証しを拝みました。紫雲の中、〇は金の輪。

八月四日。午後二時のお行の時、私の頭から左のような現象が起こりました。（図なし）

四日、午後五時

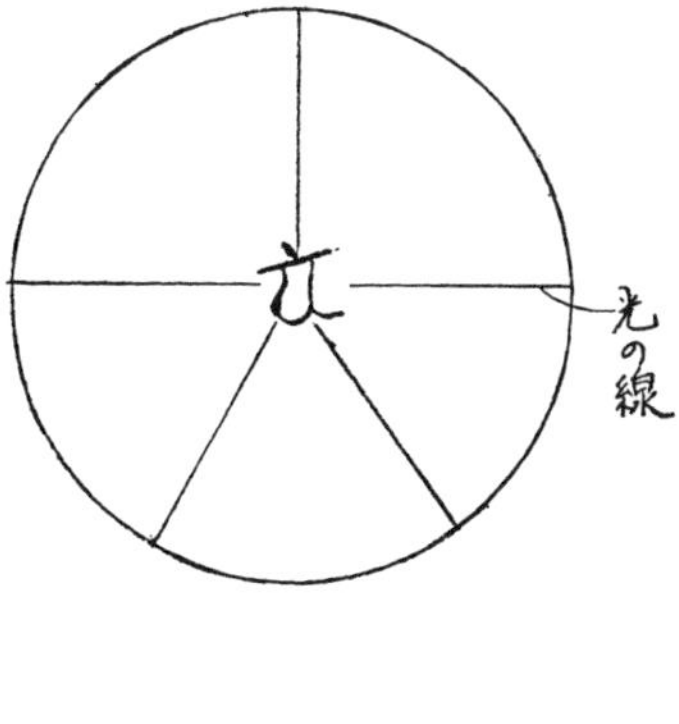

五日午後五時、不動明王のお姿を拝しました。

六日午後二時と七日の朝、光一のお行の姿を拝みました。

昭和三十九年十二月

本殿建立の残務整理に種々と心をくだいている時、お行を致し、一休みしておりますとき、まどろみました。その時、本殿の玉垣の中から五寸くらいの金の大黒様が私の方に向かってニコニコしながら歩いてみえました。その翌日、二百万円のお金を銀行が融資してくれました。

同じ頃、本殿建立の時の費用未払いのため、心をいためておりました時、夢に地主神様の電線の上に大き

なヘビが左のようにとぐろを巻いていました。その下を通りかかる時、とびつかれて目がさめました。この時も、日ならずして金策ができました。

昭和四十年十二月二十二日

お禊ぎの朝の祈りの後、

『代よ、二十四日から三日間、ベトナム戦争終結を祈れ。国内に事なきを祈れ。信者一同が無事に越年できるように祈ってやれ』

との御神言が御座いました。

昭和四十一年一月二日

朝の祈りの時、釈尊の御姿をみ鏡に拝す。

三、土用の行の記録

昭和三十八年八月一日より、小豆島御本宮におきまして宮司始め信者八人、土用のお行を致しました。前日、大神様御降臨あらせられ、

『この度の行には、三日迄は個人の願いごとは一切してはならぬ、只世界平和を祈れよ。』

との御神言が御座いました。

一日より午前四時半起床、夜は八時就寝。食事、朝、おかゆ二杯梅干、昼、一汁一菜御飯二杯、夜、おかゆ二杯、梅干にお香のもの少々。

お行は、午前は朝五時より七時迄、九時より十時半迄、お行の後宮司の講話があり、午後のお行は、一時より二時まで、後宮司の講話があって五時ー六時までお行。満願の七日は午前三時起床、四時ー七時までお行、七時過ぎ玉光大神様御降臨あらせられ、皆さんに尊い修法をおさずけ下さいました。そしてそれぞれ行くべき道をお教え頂かれました。八時をもって行を解くとの御言葉に、一同満願の御礼に御本殿にお詣り致しました。この時

『代よ、皆の祈りが届き、願いの如く世界平和が確立できたぞよ。』

との御言葉が御座いましたので、嬉しく謹んで御礼申し上げました。御本宮では、お行中はラジオも新聞も見られませんし、御門からは一歩も出ませんので存じませんでしたが、東京に帰って見ました八月六日の新聞に、

米・英・ソ三国で核停条約に正式調印ができたと書いて御座いました。いつもながら祈りの尊さを深く感じました。東京で土用のお行を致しました時には（七月二十六日付新聞発表）仮調印ができて一同喜びあいました。

これから一週間のお行中の体験を申します。

一日目、この日は緊張したせいか固くなりすぎて、べつに証は拝みませんでした。

二日目、午後からのお行の時、二時半頃と思いますが、あたりが紫色のけむりに包まれてまいり、目の前に四角の輪が出来たと思いますと、その中にかごめが出来、その真中に、「य《ゃ》」（宮司に聞きますとこの字はサンスクリットで「ヤ」という字だそうで御座います。心臓を意味するそうで御座います。）文字が金色に光って見えました。見つめていますと、だんだん色が濃くなりはっきりと見えました。

三日目、この日はお行の途中からみ霊に出られ思うようにお行ができませんでした。島の信者で、先頃亡くなられた山上鶴子さんが、二日の夜から私にとり憑き急におなかが痛くなり、いくらお諭し致しましても帰られません。それどころかますます激しくなります。そのうちに急に私の足や、腰が痛くなり、どうすることもできません。天井では大きな音がして眠ることもできません、大神様にお祈り致しました後、宮司に注射をしてもらい、暫く横になっているうち音も静かになり、私も眠ることができました。翌朝、湯浅さんが昨夜の大きな音は何ですかと、聞かれた程でした。お行がすんだ後、山上さんの為に皆でお祈りを致しました。間もなく玉光大神様のお救いを頂かれましたのでほっと致しました。山上さんと前後して亡くなられましたお世話人の森口さんは、私達が初めて御本殿に詣りました時、瑞垣の中の右側の所に白衣を着て坐っていられるのを見ました。森口さんも私を見て、深ぶかと御辞儀していられます、私は泣けて来て大神様へ御挨拶もできませんでした。お行の時はいつも一緒にいられますし、私達がお禊をすれば必ずそばでしていられます、台風の日（九日）私が物置

へカマを取りに行きますと、森口さんが物置で何かしていられる後姿を見ました。すぐ森口さんのお婆ちゃん（奥さん）にお知らせして戸口に立って拝みました、すると間もなく姿が消えました。私はこのお二人のさまを拝見して、人は死ぬる時の思いがどれだけ死後の有り方に影響するものかを身に泌みて知りました。森口さんは、倒れられて間もなく亡くなられましたそうで御座います。それこそ何の苦しみもなく、ガンで亡くなられた山上さんは苦しみがひどかったと伺い、お気の毒に思い、ひそかに御冥福をお祈りしておりました。九十三歳にもおなりの老母を残し先だたれる山上さんのお心を思うと、御信仰がお厚かっただけに御因縁がおわかりになっていないと、割切れぬ思いもしてお苦しみになられたことで御座いましょう。

四日目、朝は山上さんのことが気になり、何となく気が沈み、お行も思うようにできませんでした。気をとりなおし、午後からお行の座に着きますと、二日と同じような証しを拝みました。五時の時はお床の上に蓮の花の蕾が一本出てそれが一枚々々咲き出し中心に「य《や》」の文字を拝むことができました。

五日目、朝静かにお祈りしておりますうち、お行に入ることができました。頭のてっぺんがわくわく動き出し頭に火が燃えるようで目を閉じていられませんので、玉光大神様を念じながら目をあけますと、蓮の花が開きその中に「हूं《うん》」の文字が拝めました。拝んでいる中に文字が消えて御不動様のお姿がお現われになりました。午後からは一同の罪障消滅の為、心経をあげてお祈りしておりますと、二十四年前に亡くなりました私の母が出て来て何か言いたげにしておりました。お行の済んだ後、大神様にお伺い致しますと、母は私に一度、故郷へ帰ることを願っておりました。大神様のお許しを得て十月の大祭の後、帰郷させて頂くことになりました。帰郷致しますのは二十三年目で御座います。

六日目、この日は一日中、日頃のお恵みに感謝を捧げました。毎日宮司の講話を伺っておりますと、自分が初

めて玉光大神様のお助けを頂きました時のことを思い、自分のような者が、かくも尊いお力を頂いていたのかと、今更の如く大神様の尊きお導きに感謝で一杯で御座いました。

七日目、朝三時起き致し、四時から満願のお祈りを致しておりますと七時を過ぎました頃、大神様御降臨あらせられ、皆の労をおねぎらい下さいました。御言葉の後、

『八時をもって、行を解く。皆の願いは叶った。』

との御言葉を頂き、一同謹んで満願のお礼を申し上げました。

八日の感謝祭の時、お祭の寸前に坪井さん御一家がお詣りになりました。八十歳をお越えになったお母様をお連れになってお詣りになられ、島を御見物なさってお帰りになられました。その後、あの台風で船が欠航致しました。この時も神様は見ていて下さいますとしみじみ思いました。

この御本宮のお行に参加なさいました千勝重次様が、玉光大神様の御神言によって、三年前、千勝神社の御敷地として三千坪お求めになりました場所が、この度新官庁都市の中心地に定まりました。しかも研究、学園中心地になると伺い、かねてからお子様方の教育にお心を痛めておいでになられました、あのような片田舎では子供達の将来が案じられると申しておいでで御座いましたが、その御心配もなくなられました、これもみなお行のお徳と思います。千勝様おめでとう御座います。

小豆島では四十日あまり雨が降りませんので、畑のものは赤くよれて秋の収穫は望めぬように思われましたが、丁度満願の日に大神様の、

『今から三時間後に雨が降るぞよ。』

との御言葉が御座いました。真夏の陽がかんかん照り続け雨なぞ降りそうな気配も御座いませんでしたが、御言

葉のあった三時間が過ぎようとする時、雨が降って参りました。殊に貯水池のある中山の方はひどく大雨が降ったそうで御座います。八月八日の夜からは台風の余波で大雨が降りました。おかげで台風の被害はなく、大望の雨が頂けましたので島の人達は蘇生の思いをなさいました。勿体ない限りで御座います。

このように雨が四十日も降りませんので、下の村の人は水に不自由していられるのに、山の上のお宮では井戸にも水が一杯御座いますし、山から取っているタンクにもあふれる程水が御座いますので、村の人達も不思議がっておられました。不思議と言えば、私達がお詣りします前日迄は、井戸水がお米の研ぎ水のように白くなっているので、森口さんが井戸替の人達を頼んで来てもらい井戸のふたを取ってみますと、きれいに澄んでいますのでかえないで帰って貰われました。宮守りの森口さんも不思議なこともあるものだと言って驚いていられましたが、私はもし替えましたら、水が無くなり皆が不自由するので、神様が替えさせぬように清水にして下さいましたのだと思いお礼申し上げました。真に勿体ない限りで御座います。　合掌

御本宮へ土用のお行に行き
畏みて詠める

かくばかり畏きものか吾にして
神のみわざをわざし居るとは

今更に何か思はん賜りし
白衣まとひて法のまにまに

俳句

大前に祈るやみ山蟬時雨

（昭和三十八年十月　みさきわけ十四号）

玉水

昭和四十四年三月三日の朝、私が過去を省みて種々至らぬ自分を反省しておりますと、御神言があって、『代よ、反省する事はよいが苦しんではならぬ。そちが信仰に入る迄の行ないは、母を思い、家を思うのあまりにとった道で、人として尊い道なのだ。さりながら聞け、そちの生い立ちを水に例えるならば、同じ天から降ってくる雨水でも、一旦地に落ちれば、流れる所により尊くも清くも見えるものぞ。深山の谷間をチョロチョロ流れている水を見れば、人は誰でも、ああ、きれいだなあと言う。登山して長い道のりを登って来て渇きでも覚えていれば、すぐ飲むであろう。その源でどんな不浄な事がなされてあろうとも、見えねば人にはわからぬ。又、渓谷をごうごうと音を立てて流れておれば、水はほしくても寄り付くこともできず、ただ眺めているだけであろう。過去のそちがそれだ。きれいに飾ってちゃらちゃらしていれば、いかにもきれいで可愛く見える。人には何の苦しみもなく見え、人はすぐ手を出して飲むが、そちの心の苦しみは誰も知らぬ。また或る人には、谿谷の水のようにきれいでほしいが、手も出せぬ。一つ間違えば自分の命にかかわる。人は自分の命を投げ出してまで水

は求めぬ。

この水が積雪に耐え、暴風雨のために大川に押し流され荒れ狂う時は、物も人もみな、呑み込んで大変なことになる。嵐が静まり、流れて貯水地に入り、浄められると、今度は多勢の命を救う水道の水となる。そうなれば、人にはなくてはならぬ大切な水じゃ。同じ水道の水でも、家に入って引かれる所によっては、また尊く扱われたり、きたなく思われる。便所の水がそれだ。台所にあればきれいで尊く扱われる。神にも供えられる。

そのように、そちが今日までどんな困難な道をここまで耐え忍んできたか、誰も知らぬ。もし知っても、表面に出ただけで、その間のそちの心の苦しみだけは誰も知らぬ、また知ろうともせぬ。

代よ、このようにそちのことを種々思いめぐらせれば、人は表面を見ただけではその人の値打ちはわからぬことがわかるであろう。表面を見ただけで善悪を決めてはならぬ。代が木綿の白衣を着てにぎりめし一つ背負って、奥山を汗みどろで歩いているのをただ見ても、寒中に海の中で行をしているのを見ても、人には、代の心の中で燃えている厚い信仰心は誰も知らぬ。見る人があったとしても、ただ奇異な心もちで見ているだけだ。そのような心もちで見られていたそちも、今日、この宮に居て静かに祈りを捧げていれば、人から尊く崇められているであろう。同じそちが三十七年間の間に、丈が高くなったわけでもないし、見た目がきれいになったわけでもない。表面の目が三つにもならぬ。人が見たところは何も変わったところはない。それなのに何故か。

人間にはそれぞれの使命があってこの世に生み出され、現在自分が置かれている立場で一生懸命、命をかけて神の使命を果たすべく努力をしておれば、神の御意に叶い、必ず役に立つ者になる。人は、誰でも役に立てば使う。世の中の人で欲のない者は一人としておらぬ、それ故必ず使う。代の今日あるは、使命を全うしようと努力したからである。何事にもとらわれてはならぬ。必ず永く役に立ててとらす。安堵して、あるものはあるまま

に流れておれよ。

人はたとえ生い立ちよく、きれいな所で住み、育っても、現在の自分を幸せとも思わず驕りたかぶり、心のままに暮らし謙虚な心のない者は、ちょうど、きれいな流れを塞き止めるようなもので、そこには澱みができる。水が流れぬために水が腐敗し、底に汚物がたまり、見れば、色まで変わり腐ってくる。そのような所に住む魚はナマズやウナギで、決して鮎や鯉は住まぬ、いや、住めぬ。類を以て集まるの諺の如く、魚でさえも、清いきれいな所を常として住むものは寄り付かぬ。たまたま間違って流れ込んでも、すぐ死ぬであろう。いや、すぐナマズの餌食にされるであろう。

このように日頃、己の通る路（水路）をよく見きわめて流れよ。間違っても迷い込まぬよう、心してゆけ。油断をすると、世間に悪臭を放ち、鼻もちのならぬ澱みになるぞよ。現在そのような宗教団体が数知れぬ程ある。表面を宗教という最も尊い清い名において、人の弱みにつけ込み、悪事を働き、世に害毒を流す最も悪い人間もいる。

代よ、水は、川にばかり流れているものではないぞよ。今、そちの立っている足許の地に、地下水が流れているのぞよ。それなればこそ、人も、木も草も、生きているのだ。見えない地の底で流れ、ものを生かし、育てているのだ。代も、地下水のように、人が知る知らぬにかかわらず、己を立てずに自分の使命を果たせよ。信仰とは己を知って時を待つことぞ。今に世が平定すれば、代は、里には置いておかぬ、必ず昇天させてとらすぞ。』との御神言がございました。私もこの御神言を守り、静かに大神様のお召しになる日をお待ちしております。

玉光大神守り給え幸え給え。　合　掌

（昭和四十八年十一月「宗教と超心理」第二巻第一号）

あとがき

私どもがお代様《だい》とおよびしていた本山キヌエ先生の自伝が発行される運びになりました。その経過と大体の内容について説明しておきたいと思います。

昨年四月にお代様がなくなられました後、信者の皆さん方から、尊い体験やお導きの数々について多くの追憶の文章がよせられました。一冊にまとめて、近く宗教心理学研究所から発行される予定です。その整理の仕事をしておりますうちに、私は、信者の側の記録だけでなく、お代様御自身の書かれた文章を集めて公刊する必要があると考え、宮司様にお願いしました。さいわい、以前に玉光神社の機関誌として「みさきわけ」という題の小冊子が刊行されていたことがあり、その中にお代様が御自身の体験を書いて下さっております。この雑誌は発行部数もごくわずかで、はじめの何冊かはタイプで打った手作りの粗末なものですし、現在は廃刊されていますので、御存知ない方も多いかと思います。この「みさきわけ」に書かれたお代様の文章を集めますと、原稿用紙にして百数十枚程度になりました。これだけでは一冊の本にするには足りないので、どうしたものかと考えておりましたところ、宮司様の手許にお代様が書き残しておかれた御遺稿があることがわかりました。薫夫人が私に見せて下さった御遺稿は、原稿用紙に鉛筆で丁寧に書かれ、きちんととじたものが四冊、そのほかに未整理の短い文章がいくつかありました。私はおどろくと同時に、ここに一冊にまとめて世に送る運びになったことを、皆様と共に喜びたいと思います。

第一部に収めました文章は「みさきわけ」に書かれたものを主とし、未発表の短文から適当と思われるものを合わせて編集しました。「みさきわけ」という言葉は、神の御使いとして道をひらく先達をする人という意味だそうです。お代様の生涯とその御念願をあらわすのに、まことにふさわしい言葉と思います。この文章を拝読すると、お代様が神の導きのままに宗教者としての道を歩んでゆかれたお姿が、卒直にありのままに語られております。幼年のころからの生い立ちや、御神助を受けられてからの奇蹟の数々など、俗な言い方ですが、ほんとうに興味深く、また尊く感ぜられます。

第二部は、今回はじめて発表される御遺稿を中心に編集しました。読者の皆さんにわかりやすいように見出しをつけ、かなづかいや文字をよみやすく改めたほかは原文のままです。御遺稿はごらんの通り、いくつかのちがった主題によってまとめられております。戦争の絶滅と平和のための祈り、人びとの日々の幸せのための祈り、そして他の宗教や信仰者に対する広くあたたかい御心、また草木や自然の生命に対するこまやかな愛情などが、数々の神の救いの業を中心にして語られています。御生前、お代様がよく、神様の尊い御業の数々を書き残しておきたいと仰言って、折々私もお話をうかがったことがあるのですが、こんなに丁寧にまとめておられたことは全く存じませんでした。

第三部は、お代様が長年にわたる御自身の体験のいくつかを絵に描いて、それに説明をつけ加えておかれたものです。それは大へん珍しい、また学問的にも貴重な記録だと思います。第一部と第二部の内容をよりよく理解する役にも立ちます。たまたま「みさきわけ」の中に、昭和三十八年の夏に小豆島の本宮で行なわれた土用の行の記録があり、お代様は御自身の瞑想体験と修行の様子を書いておられます。ヨガ行の実際と瞑想体験に関心をもたれる方には、きっと興味深いことと思います。なお掲載の絵は、瀬部いつ子さんと田中かの子さんにお願いして、お代様が描かれた原画から写して頂いたものです。

宗教者としてのお代様の御生涯とそのお仕事の意義がひろく世に理解されるのは、なお将来のことであろうと私は思っております。お代様は世に知られることを望まれませんでした。ただ私たち一人一人が少しでも神の御心に近づくことを、そして陰の力として世の平和と幸福の祈りに役立つことを喜ばれ、また望まれました。私たちは今はただ、お代様の御心をうけついで、一歩ずつでも信仰の道を歩んでゆきたいと思うばかりです。神界に昇られた御魂も、私どもの上をいつまでも照らして下さることでしょう。宗教の世界に関心をもつ方々が、一人でも多くこの書をよんで、神の道とはどのようなものであるかということを知られるように願ってやみません。

（湯浅泰雄記）

玉光神社　御案内図

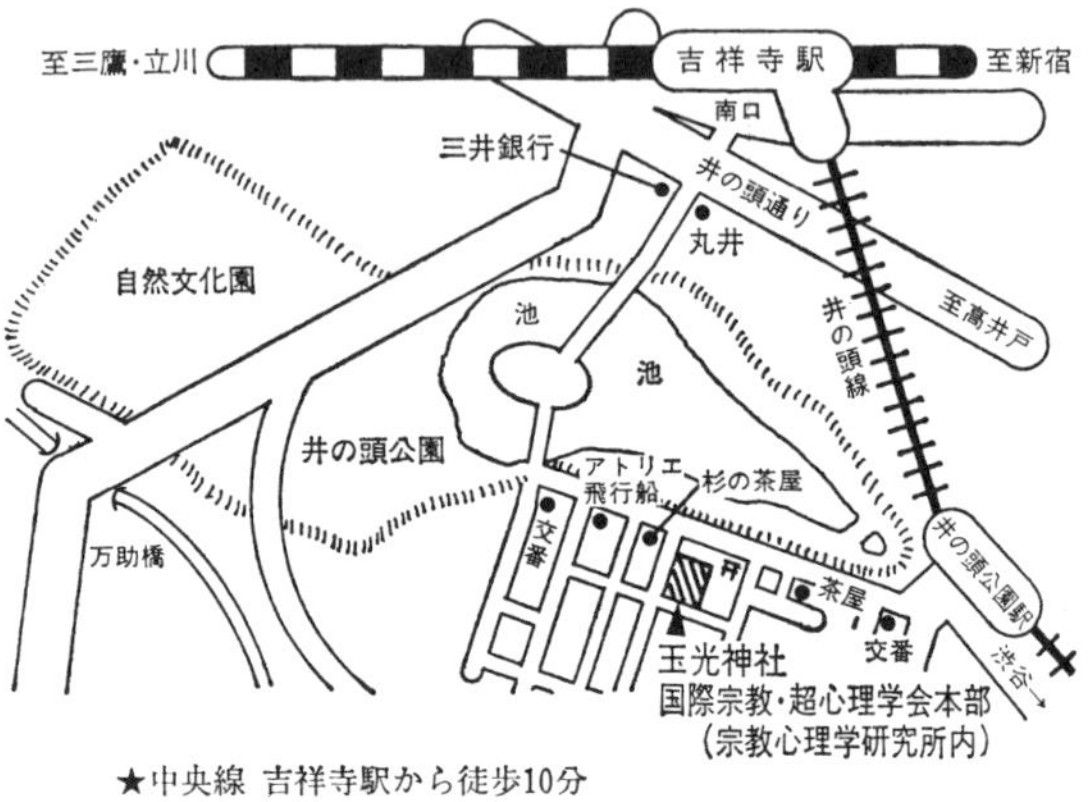

★中央線 吉祥寺駅から徒歩10分
★井の頭線 井の頭公園駅から徒歩５分

カバースケッチ　本山博
題字　余島清光
装丁　原田ヤスヒロ

玉光神社 教祖自叙伝

落丁・乱丁の節はお取り換えいたします

昭和五十年四月二十五日　第一刷発行
平成二九年十月二十三日　第五刷発行

本山キヌエ　著
本山　博　編集

発行所　宗教心理出版
東京都三鷹市井の頭四ノ十一ノ七
電話　〇四二二（四八）三五三五(代)

印刷所　モリモト印刷株式会社

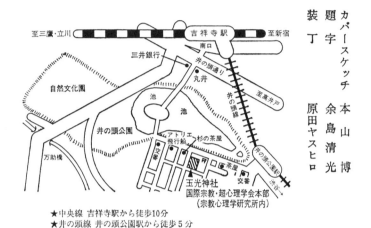